Knaur

Über die Autoren:

Nissen, Klaus, * Dollerupholz 11. Dez. 1957, wuchs niederdeutsch in Angeln auf und wurde so schon in jungen Jahren mit Plattheiten konfrontiert.

Als Bassist in einem populärmusikalischen Ensemble gewann er jedoch auch tiefere Einsichten. Anschließend entdeckte er seine schlummernden Talente am Institut für Lethargie und Angewandte Schlafforschung als Sleep-In-Berater und R.E.M.-Consultant. Mitgliedschaft im PENN-Club. Danach ABM-Stelle als Quotenmann in einem Harem im Mittleren Osten. Seit Beendigung dieser herausfordernden Tätigkeit lebt Nissen zurückgezogen auf einer einsamen Verkehrsinsel in Kiel.

Reuter, Martin, * Kiel 27. Nov. 1962, wuchs hochdeutsch im Eider-Quellgebiet auf. Schon als junger Künstler auf Pflichtbewusstsein gedrillt, zeichnete er früh verantwortlich. Erste Erfolge mit seinem Zyklus über die forensische Anthropologie. Nach jahrelanger Ausbildung zum Kneipier ("Was lange wirt, wirt endlich gut.") gilt er als der eigentliche Vorreiter der Wirtuellen Realität. Noch heute erzählt er gern von einem Schank aus seiner Jugend.

Bis jetzt bereuter nichts. Momentan ist er beschäftigt mit Vorstudien zu seinem eigentlichen Lebenswerk: Die Genießbarmachung des Alkohols im Alltag.

Klaus Nissen / Martin Reuter

Die neuen Leiden der jungen Wörter

Das aktuelle Wörterbuch zur Rächtschraiprehvorm

Knaur

Besuchen Sie uns im Internet:
www.droemer-knaur.de

Originalausgabe Juni 1999

Redaktion: Ralph Thoms
Umschlaggestaltung: Klaus Nissen / Agentur ZERO, München
Satz: Ventura Publisher im Verlag
Druck und Bindung: Ebner Ulm
Printed in Germany
ISBN 3-426-73076-6

4 5

L. der a.d.u.a.d.n.S. verw. Aküs

a.a.	als auch
a.d.u.a.d.n.S.	auf dieser u. auf der nächsten Seite
Abk.	Abkürzungen
Aküs	⇨ Abk.
Ben.	Benutzung
eingetr. Wz.	eingetragenes ⇨ Wz.
Eintr.	Eintrag
Endg.	Endung
f.	für
fem.	femininum
Hinw.	Hinweis
L.	Liste
m.	mit
mask.	maskulinum
neutr.	neutrum
Nom.	Nomen, Substantiv
Pers.pron.	Personalpronomen
Plurl.	Plural
Singul.	Singular
sow.	sowohl
verw.	verwendeten
Wortkl.	Wortklasse
Wz.	Warenzeichen
z.B.	zum Beispiel

Widmung

Für den unbekannten Knaur-Lektor
und alle, die uns lieb haben.

Hinw. zur Ben.

Nach dem Eintr. folgt – außer bei Personennamen u. *eingetr. Wz.* – ein Hinw. auf die Wortkl. (z.B. du [*Pers.pron.*]).

Ist der Eintr. ein Nom., folgen Genus [*mask., neutr. oder fem.*] u. sow. die Endg. f. Genitiv Singul. a.a. die Endg. f. Plurl.

A

AA, [neutr., –, –s] Notdurft beim Bundesminister des Äußersten, Auswärtige müssen in diesem Amt sehen, wo sie bleiben; ⇨ Kadaver.

Abbrüstung, [fem., –, –en] der Schrecken all jener, die sich damit brüsten, einen Balkon zu besitzen; ⇨ *Abb.*

Abbrüstung

Abc-Schütze, [mask., –n, –n] erstklassiges linguistisches Tierkreiszeichen, wie auch Def-Steinbock, Ghi-Wassermann, Jkl-Fische etc.; ⇨ *Abb.*

Abc-Schütze (r.)

abenteurer, [Adj.] *Komparativ von* abenteuer; ⇨ Reinhold Messner.

Abhängigkeit, [fem., –, –en] kann im extremen Fall ganz schön gefällig werden; ⇨ *Abb.*

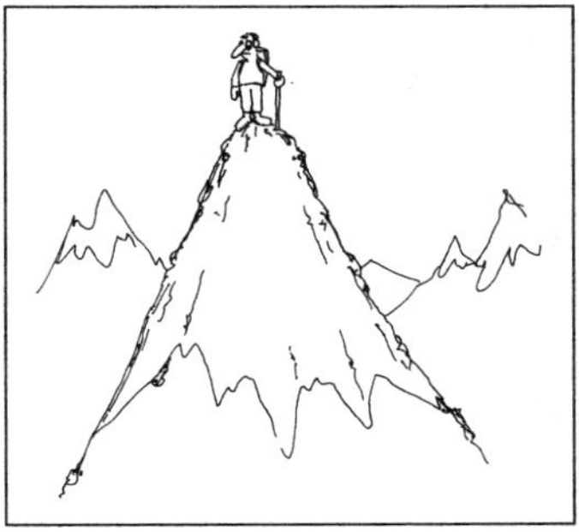

extreme Abhängigkeit

Abortierhund, [mask., –es, –e, französisch-deutsch] Scheißköter (⇨ Abb.); ⇨ Rottweiler.

Abortierhund

Abschiet, [mask., –s] ⇨ Fäkalsprache.

Abschleppwagen, [mask., –s, –] ⇨ *Abb.*

Abschleppwagen
(mit fahr-lässigem Baggerführer)

Abschussprüfung, [fem., –, –en] abschießendes Examen für das Große Jägerlatinum, im psychologischen Teil der Prüfung muss man z.B. zeigen, dass man beim Laden keine Hemmung hat.

Abschweifung, [fem., –, –en] ⇨ *Abb.*

Acht, [fem., –, –en] »Nimm dich in 2^3 vor 3^2 Schreibwaisen!« (⇨ Mathematiker-Kommentar zur Rechtschreibreform); ⇨ Rechtschreibung.

Acker, [mask., –s, Äcker] nicht bei Neckermann™ zu bestellen; aber das kann man so oder so säen – aus welcher Quelle™ diese Information stammt, feld mir im Moment nicht ein; ⇨ Quellenangabe.

Adam, [mask., –s] er galt von Anfang an als gemachter ⇨ Mann.

Ade-Bar, [fem., –, –s] hier feiern ⇨ Störche ihre Abschiedspartys; ⇨ *Abb.*

Adrenalin-Spiegel, [mask., –s, –, lat.-deutsch] Hilfsmittel beim Beauty-Check für besonders eitle Blutkörperchen.

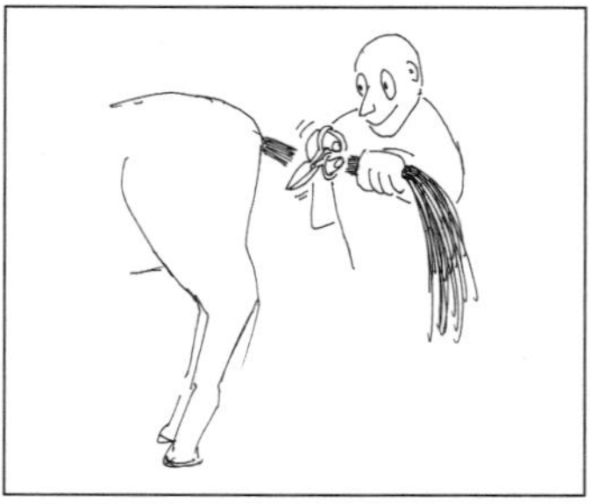

Abschweifung

Äfer, Mike, * Mailand 1. Mai 1962, hat eine raue Schale, aber einen weichen Kern, entlarvt sich also als wahrer Engeling.

Affe, [mask., –n, –n] viele Unterarten, z.B. die schier unersättlichen Gier-Affen oder die gefährlichen Handfeuerw-Affen, nicht ⇨ zoo bekannt sind die etwas trägen Abschl-Affen, trotz des Hits »Go, Rilla, Go!«

Ade-Bar

Afrika, [neutr., –s] großes Kontingent an Bodenvertiefungen (Afrika-Dellen), außerdem bekannt: Afrikas See; ⇨ Rezeptor.

Agfa™-Planing, [neutr., –s, deutsch-engl.] Begriff aus der Porst™-Moderne: Verletzung des Ehren-Kodaks™; ⇨ Camera.

ahnen, [trans. Vb.] wer kann denn ahnen, dass man hier die Vorfahr achten muss?

Ährenmann, [mask., –es, –männer] Getreidebauer. Der wichtigste Teil der Ausbildung ist neben der Einführung in die Feldforschung die Schulung am Pflug-Simulator, denn Mineralsalze etc. kann man ja ganz einfach nach Gutdüngen streuen; ⇨ Korn.

Akkusativ, [mask., –s, –e, lat.] der einzige Fall mit wieder aufladbaren Batterien; ⇨ Durch-Fall.

Akribik, [fem., –, griech.] die Akribik ist genau genommen das perfekte Urlaubsziel für Pedanten.

Akronym, [neutr., –s, –e, griech.] Begriff aus der Fachsprache der Akrobaten, so wird z.B. Trikotfärbung mit Hilfe von Wachs als Akro-Batik bezeichnet; ⇨ Anton Ym.

Aküfi, [mask., –, –s] Abkürzungsfimmel; ⇨ KBA.

ALDI, [eingetr. Wz.] Kundenkönig, als Kunde kann man also allenfalls in Läden wie Kaiser's™ König sein.

Alkohol, [mask., –s, –ika, arab.-span.] genau wie viele Gangster leicht flüchtig; ⇨ brechen.

Alkoholiker, [mask., –s, –] eine breite Bevölkerungsschicht; ⇨ Vollbreit-Stipendium.

allein stehend, [Adj.] ähnlich wie

›aufrichtig‹ oder ›Eiderstedt!‹ Therapieziel von Potenzmitteln; mit einem ›Will kommen‹ allein ist weder der Verphall der Wurzelfunktion aufzuhalten, noch sind ständige ⇨ Verkehrsbehinderungen zu vermeiden. In den Bereich der Mythologie gehört dagegen die sogenannte Zehnerpotenz; ⇨ Peniscillin.

Allemalachn, [mask., –, –, arab.] Photograph; ⇨ Graf.

Alles Jute! [Interj., deutsch-bengal.-engl.] Ökologischer Geburtstagswunsch unter Sackbearbeitern (⇨ *Abb.*); ⇨ Nagel-Studio.

Sackbearbeiter

Ältestenrad, [neutr., –es, –räder] die Quadratur des Greises.

Altkleidersammlung, [fem., –, –en] da lässt man sich doch nicht lumpen! ⇨ Beinkleid.

Alzheimer, [mask., –s, –] »Wie hieß doch gleich noch die Krankheit, bei der man alles vergisst?« – »Wer ist siech da schon siecher? Vergiss es einfach!« ⇨ Vergissmeinnicht.

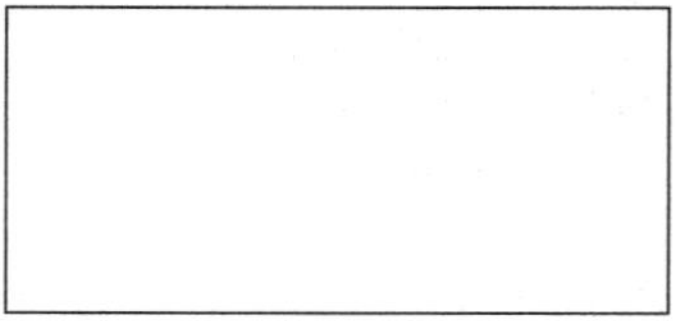

Alzheimer

Ambi-Ente, [fem., –, –n, lat.-ital.] so gänse auch möchte: ihre Umgebung kannse sich nicht aussuchen; ⇨ Arro-Ganter.

Amboss, [mask., –es, –e] behämmerter Chef einer Schmiede; ⇨ Pferd.

Amnestie, [fem., –, –n] eröffnet einem ungeahndete Möglichkeiten; ⇨ Generalamnesie.

Ampère-Mädchen, [neutr., –s, –, französisch-deutsch] Elektrikerin; ⇨ Elektriker.

Amsel, [fem., –, –n] Vogel mit Star-Allüren; ⇨ Film-Star.

Analphabet, [mask., –en, –en, griech.] Analphabeten müssten eigentlich Oralphabeten heißen, weil sie nur sprechen können. Bei der Weinlese (»Watt steht 'n da auffer Buddel?«) sind sie jedenfalls nicht zu gebrauchen; ⇨ Winzer.

anbeaten, [trans. Vb., deutsch-engl.] »Darf ich Ihnen noch etwas Schlagsahne anbeaten?« (Höflichkeit unter ⇨ Schlagzeugern); ⇨ Rappe.

Anführungsstricher, [mask., –s, –] »Chefprostituierter«; ⇨ Landstrich.

Angeliter, [mask., –s, –] das Tausendfache eines Angemilliliters.

Angelrute, [fem., –, –n] Körperteil des ⇨ Angeliters.

Türangeln

Angelschein, [mask., –s, –e] Lizenz zum Töten im Bereich Wasser (⇨ OH_2), ist sehr laicht zu bekommen (⇨ *Abb.*). Die Kontrolle erfolgt meist sehr lachs; ⇨ Fisch.

Anna-Chronist, [mask., –en, –en, deutsch-griech.] Helgoländer, der sich in der längst vergessenen Kunst übt, über lange Jahre hinweg einen Felsen zu beschreiben.

anrichten, [intrans. Vb.] *juristisch für* mit der Verhandlung beginnen; ⇨ Richter.

Anschaffenburg, [neutr., –s] unterfränkische Kleinstadt mit ausgedehntem Rotlichtviertel.

Anti-Gurken-Kampagne, [fem., –, –n, lat.-deutsch-franz.] »Gib Gurken Cornichons!«.

Antrag, [mask., –s, –träge] Anträge sind oft so umfangreich, dass man sie sogar stellen kann.

An- und Abzug (v.l.n.r.)

Anzug, [mask., –s, –züge] a) Jacke wie Hose. Ist Grippe (⇨ Weihnachten) im Anzug, raten wir zum Tragen einer Badehose; ⇨ Yak. b) Gegenteil von Abzug; ⇨ *Abb.*

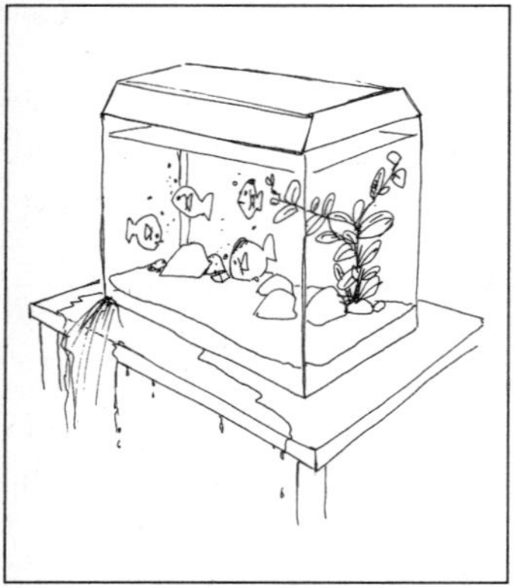

Auslaufmodell

Apfel, [mask., –s, Äpfel] erkenntnisreiche Frucht mit Stiel, nur die äußere Hülle schmeckt »etwas schal« (de Gaulle) und kommt in den Apfeleimer; ⇨ Bosskopp.

Apocalypso, [mask., –s, –s, griech.-lat.] bevorzugter Tanzstil der Studentenbewegung, in jenen Kreisen in jenen Tagen also quasi der Akzep-Tanz.

Apotheke, [fem., –, –n, deutsch-griech.] 68er-Tresen in linksradikalen Studentenkneipen. Ausschank von Apo-Linaris™; ⇨ Limosine.

Après-Ski, [neutr., –s, –, franz.-norw.] das Saufen nach dem Laufen; ⇨ Skirurg.

Aquarium, [neutr., –s, –ien, lat.] a) Fischhaltebox; b) beim Kauf von Aquarien ist trotz vermeintlicher Preisvorteile dringend von Auslaufmodellen abzuraten; ⇨ *Abb.*

Arbeitslos, [neutr., –s, –e] allmonatlich veranstaltet die Bundesanstalt für Arbeit eine Tombola. Wer Glück hat, bekommt ein Los ab; ⇨ Lotto-Gewinner.

Arbeitslosigkeit, [fem., –] diese gehaltlosen Zustände beschäftigen im Moment viele.

Arche-Typ, [mask., –en, –en, griech.] *anderer Name für* Noah; ⇨ Bibel.

Argent, [mask., –en, –en, lat.-franz.] Vertreter einer französischen Bank; ⇨ Geld.

arm, [Adj.] auch Arme haben Beine. Wer Arme auf den Arm nimmt, anstatt ihnen unter die Arme zu greifen, sollte besser die Beine unter die Arme nehmen, denn es gibt mehr Arme als Beine auf der Welt. Merke: Armut braucht keinem beinlich zu sein; ⇨ *Abb.*

Armbruch, [mask., –es, –brüche]

schwacher Trost: Ein Armbruch ist kein Beinbruch.

Arro-Ganter, [mask., –s, –, lat.-franz.-nordd.] paart sich gern mit einer Ele-Gans.

Arterie, [fem., –, lat.-amerik.] Kunst aus der Umgebung des Erie-Sees, eine Art-Erschwernis sind dabei die hohen Kosten für einsam gelegene Ateliers (sog. Erie-Mieten).

Artikel, [mask., –s, –, lat.] grammatikalisches Genusmittel; ⇨ Wettbeverb.

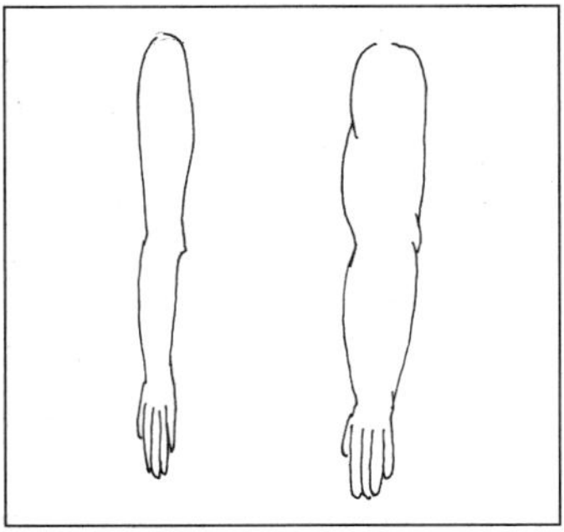

ärmlicher Arm (l.)
Fettarm (r.)

Artus, * Caerleon 31. April 491, † Camlann 29. Feb. 537, altenglischer König, bekannt für seinen sagenhaften Süßigkeiten-Konsum. Er war der Vorsitzende der Schokoladentafel-Runde und mit seinem Gefährten Marzipal verdrückte er so viel Naschkram, dass er beim Ritter-Sport™ keine Chance hatte – na, dann Good Knight; ⇨ Rittersporn.

Arzt, [mask., –es, Ärzte] trägt gern Unterhosen mit chirurgischem Eingriff; ⇨ Docktor.

Ärzte, [mask., –n, –n] die Ärzten werden die Letzten sein.

A-Sager, [mask., –s, –] bei ⇨ Ärzten (»Sagen Sie mal A«) sehr beliebte, devote Klientel, denn wer A sagt, muss auch ⇨ B zahlen.

Ästland, [neutr., –] baumreicher Staat an der ⇨ Ostsee, nördlich von Lattland; ⇨ Leistengegend.

Sternfahrt

Astro-Physiker, [mask., –s, –, griech.] verstehen ein bisschen von der Materie und halten sich deshalb für All-wissend; ⇨ *Abb.*

AT, [deutsch-lateinisch] *Abkürzung für* Altes Testament. A-T-isten gab's ja viele, aber im Moment fällt mir kainer ein; ⇨ Ruder.

Ata, Alma, * Wischhafen 21.7.37, Erfinderin des Scheuerpulvers; ⇨ Atatürk™.

Atatürk™, [neutr., –s] gefälschtes Scheuerpulver; ⇨ Konstantin Opel.

Atik, [fem., –, –en, griech.-lat.] Maßeinheit: Gramm; ⇨ Partizip.

Atomkraft, [fem., –] eine große Irrungenschaft der Menschheit; ⇨ Castor™-Transport.

Au! [Interj.] schmerzhafte Bemerkung bei Goldgräbern; ⇨ Goldmine.

Aufgehboot, [neutr., –s, –e] *Gegenteil von* U-Boot (Untergehboot); ⇨ Titanic™.

Aufheben, [neutr., –s] wegen eines 16 Tonnen schweren Bleiblocks (⇨ Blei) sollte man nicht viel Aufhebens machen.

Ausbilder, [mask., –s, –] Lehrer für Kunstmaler; ⇨ Maler.

Aus-Fall, [mask., –s, –Fälle] *scherzhaft für* ⇨ Dativ (aus, bei, mit, nach, von, seit, zu, …); ⇨ Durch-Fall.

Auspuff, [mask., –s, –e] Ausgang in einem ⇨ Nagel-Studio.

Ausschuss, [mask., –es, –schüsse] ist gebildet, produziert aber oft nur selbiges; ⇨ Bürgerking.

Ausstellung, [fem., –, –en] Schalterposition, *Gegensatz von* Einstellung; ⇨ Kronleuchter.

Austern, [mask., –s, –e, griechisch-lateinisch-niederländ.] schmerzhafter Himmelskörper; ⇨ Planet.

ausweisen, [trans. Vb.] *Polizist:* »Würden Sie sich bitte ausweisen?« *Ausländer:* »Muss man hier alles selbst machen?« *Polizist:* »Ich lass mich einweisen.« ⇨ Humohr.

Autodidaktik, [fem., –, –n, griech.] Schlosserpädagogik; ⇨ Schmierenkomödiant.

Autogram, [mask., –s, griechisch-deutsch] Ärger mit dem Wagen, folglich werden diese Weg-Gefährte auch gern als Last-Wagen bezeichnet; ⇨ Kipper.

Automaten, [Plur.] an kleinen Bächen gezüchtetes Fruchtgemüse; ⇨ Tomatenmark.

Automa-Tisch, [mask., –es, –e,

griech.-lat.-deutsch] klappt sich von selbst auf.

Automobilindustrie, [fem., –, –n] hier gibt es trotz drohender Ressourcen-Knappheit immer wieder Fordschritte; ⇨ Kipper.

Axe, Kurt, * Hinterlist/Sylt 25.9.92, Preistreiber im Freizeitbereich.

B

B, [neutr., –s, –s] wer B sagt, muss auch einem Ruf folgen (Professoren-Weisheit); ⇨ *Abb.*

Beruf

Baba, Ali, * Bagdad? 1224, † Nedadbagdnich 1244, Ali Baba und die Pfirsich-Räuber waren äußerst ⇨ feige Gesellen, wurden aber birnen einer Woche geschnappt – wir drücken ihnen jedenfalls die Pflaumen.

Bachstreet Boys, [Plur., eingetr. Wz.] milchgesichtige Ba-Rocker (»Mein Bach, dein Bach, Bach ist für uns alle da.«); geliebt werden sie aber hauptsächlich wegen ihrer dünnen Beinchen, der sogenannten Bachstelzen.

backen, [trans.-intrans. Vb.] Broter-Verb.

Bäcker, [mask., –s, –] auch ein so genannter Schrippenzieher muss sich irgendwie seine Brötchen verdienen: Er kann sonst wegen unterlassener Hefeleistung belangt werden. Oft nur mit einem Laibchen bekleidet, huscht er – manchmal noch einen Backenzahn (⇨ unplaqued) zulegend – durch die Backstube, die Haare ordentlich zu einem Hefezopf zusammengebunden. Die jüngeren Bäcker allerdings tragen lieber Bread-Locks (⇨ *Abb.*) und nerven außerdem mit ihren unbrotmäßigen Bemerkungen und ihren Kringelstreichen; ⇨ Gebäck.

Bread-Locks

Backtrieb, [mask., –s, –] Arbeitsdrang bei ⇨ Bäckern, dem aber oft mit Backtriebmitteln nachgeholfen werden muss.

Backwahn, [mask., –s] zwanghafter Wunsch, sich z.B. an einen ⇨ Känguru zu kleben, also nicht ganz frisch.

Bademeister, [mask., –s, –] gerät bei Ausübung seines Berufs manchmal ins Schwimmen; ⇨ waten.

Bad Minton, [neutr., –s] Kurort für schmutzig gewordene Federbälle (⇨ *Abb.*). Als besonders erfolgreich erweist sich hierbei die Behandlung mit so genanntem Federweißer; ⇨ Dennis Schläger.

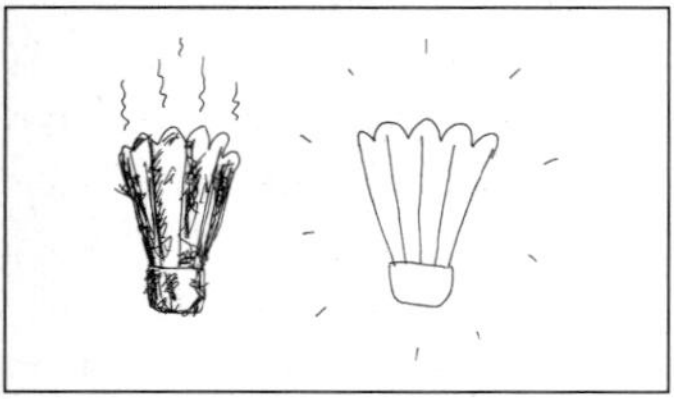

Vor und nach einem Kuraufenthalt in Bad Minton

Bad Segeberg, [neutr., –s] da gips'n Kalkberg; ⇨ Schleswig-Ytong™.

Bahn, [fem., –, –en] in diesem Verkehrsmittel kann man das Leben in z.T. bahnbrechend vollen Zügen genießen (falls man zum ⇨ Zug kommt). Will man nicht auf den geliebten PKW verzichten, fährt man einfach mit der Autobahn, z.B. von Niebüll nach Westerland.

Baisse, [fem., –, franz.] man sollte sich bei einem Wirtschaftstief nicht gleich in die Hausse machen; es wird schon wieder baisser; ⇨ Geld.

Baked Potatoes, [Plur., engl.] Wer immer noch meint, dass der Engländer seine Kartoffeln brite, ist schlecht braten; ⇨ England.

Schlägertyp

Ball, [mask., –es, Bälle] meist unter einem Motto ausgetragene Festlichkeit, z.B. Lederball für Sadomasos oder Fußball für

Pedophile, während auf einem Federball oder auf einem Tennisball meist nur Schlägertypen (⇨ *Abb.*) ⇨ rumhengen.

banal, [Adj.] ist für'n Barsch.

Banane, [fem., –, –n, port.] völlig Banane, was das ist. Über die Schale ist ebenfalls nur Hinfälliges zu berichten; ⇨ Mutterwitz.

Bananenstecker, [mask., –s, –, port.-deutsch] a) Hilfsarbeiter in der Südfrucht-Branche; hat aber die Chance, zum Zitronenfalter aufzusteigen; b) ⇨ *Abb.*

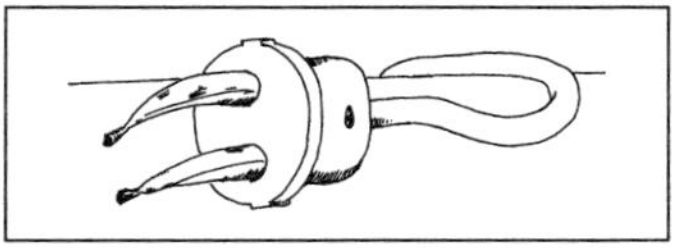

Bananenstecker

Bandenwerbung, [fem., –] Reklame für kriminelle Organisationen; ⇨ Trikotwerbung.

bar, [Adj.] ⇨ Barkasse.

Barkasse, [fem., –, –n, ital.-span.] ⇨ Kasse.

Barmixer, [mask., –s, –, engl.] shakert gern mit der Kundschaft (»Ihr Punsch ist mir Befehl.«); ⇨ Wirtuelle Realität.

Barrel, [neutr., –s, –s, franz.-engl.] »Der ⇨ Preis für ein Barrel ⇨ Öl ist schon wieder gestiegen.« – »Ich Fass es nicht.« ⇨ Metermorphose.

Barträger, [mask., –s, –] *scherzhaft für* Geldbote; ⇨ Käscher.

BASF, [fem., –; eingetr. Wz.] Bayrische Adrenalin- und Sofa-Fabrik; also ein echter Mischkonzern.

Bassismus, [mask., –, lat.-ital.-franz.] Höhen-Angst; ⇨ Reisebass.

Bauklotz, [mask., –es, –klötze] sehr grobes Material zum Errichten von Gefängnissen (sog. Zellstoff), bringt die Insassen zum Staunen; ⇨ Legosthenie.

Baum, [mask., –es, Bäume] a) asoziale Gewächse, hängen viel am Stammtisch (⇨ *Abb.*) herum und reden blattdeutsch – kein Wunder, dass viele meinen, das wäre alles, was ein Baumwolle. Bäume haben immer einen in der Krone (⇨ Dental-Center) und nehmen kein Blatt vor den ⇨ Mund (»⇨ Holz der Teufel!«). Sogenannte Schlagbäume schrecken auch nicht vor schonungsloser Gewald zurück, (»Nur über meine ⇨ Eiche!«), andere wiederum bäumen sich gegen die so genannte Erlenbogengesellschaft auf; ⇨ Waldsterben. b) Bäume legen ein vorbildliches Verhalten bei Unfällen an den Tag: Bei Verletzungen zögern sie nicht lange und gehen beharzt vor, um Schmerzen (⇨ Au!) zu linden.

Stammtisch

Baumschule, [fem., –, –n] Ausbildungsstätte für Kieferorthopäden (⇨ Brückenfeiler), aber auch die Jungs vom Eichamt lernen hier noch 'n büschen.

Bausch, [mask., –es] a) darum macht man besser einen Bogen; b) ist dies nicht möglich, sollte man möglichst viele sammeln, denn Bauschsparen gilt als sehr Gewinn bringend.

Beer, [mask., –en, –en] jeder kennt die süßen, für die Kindererziehung unentbeerlichen Teddybeeren, abär es gibt auch die gefährlichen Stachelbeeren und die stets missgelaunten Brombeeren; ⇨ Lorbär.

Beethoven, Ludwig van, * Bonn, 17. Dez. 1770, † Wien, 26. März 1827, behändelte Bach mit Liszt und machte aus der Note eine Tugend.

Behördenwalküre, [fem., –] wenn sich Beamte wie Götter (⇨ Thor) aufspielen.

Beichtstuhl, [mask., –s, –stühle] Beichtstühle sind oft sündhaft teuer; ⇨ Kirche.

Beinkleid, [neutr., –es, –er] ⇨ *Abb.*

Beinkleid

Beleuchtungskörper, [mask., –s, –] da gibt's so'ne und Sonne (⇨ Elektriker-Schnack); ⇨ Ohmi.

bell ami, [fem., –, engl.-franz.] die US-amerikanische Freiheitsglocke; ⇨ Fiete Schiller.

Bellkartoffel, [fem., –, –n] a) Hundefutter für Vegeterrier; ⇨ Pro-Peller; b) ⇨ *Abb.*

Bellkartoffel
(beim Urinieren)

Belltristik, [fem., –, –en, deutsch-franz.] Hundliteratur; ⇨ Collier.

Bergsteigen, [neutr., –s] etwas für Leute mit Hang zu schrägem Sport; ⇨ Abhängigkeit.

Bergwerk, [neutr., –s, –e] erzkonservative Fabrik (⇨ Erzgewinnung) zur Herstellung (⇨ *Abb.*) von geologischen Formationen (⇨ lehm), die dann aber doch häufig wieder verworfen werden; ⇨ Holstein.

Berliner, [Plur., sächs.] *sächsisch für* Perlhühner; ⇨ Spreedose.

Bert, [mask., –s] er möchte gern so gewieft sein wie sein Kumpel, doch das schafft ernie; ⇨ Fernsehen.

Beschattungsunternehmer, [mask., –s, –] *scherzhaft für* Detektiv; ⇨ Picknick.

bescheuert, [Adj.] total bescheuert: ein Einsiedler ist ein scheuer ⇨ Mensch, ⇨ Ata™ dagegen ein Scheuermittel.

Beschlagnahme, [fem., –, –n] brutale Entfernung von ⇨ Scharnieren und anderen Metallteilen, z.B. unter Einsatz von Anti-Beschlag-Tüchern; ⇨ Pferd.

Bestattungsunternehmer, [mask., –s, –] sind nur unter unsärglichen Mühen dazu zu bewegen, etwas anderes als Bahr-Zahlung zu akzeptieren; ⇨ tot.

Bestechung, [fem., –, –en] *scherzhaft für* Tätowierung; ⇨ Pullover-Piercing.

Bergwerk

Bestsellerie, [mask., –s, –s, engl.-deutsch] zur Zeit der Verkaufsschlager im Gemüse-Business; ⇨ Durchschnittlauch.

Beton-Mischer, [mask., –s, –, lat.-franz.-deutsch] diese Maschine vermischt ⇨ Zement und ⇨ Sand – einfach rührend; ⇨ Maurer.

Bett-Man, [mask., –s, –Men, deutsch-engl.] ⇨ Playboy.

betteln, [intrans. Vb.] das muss man heute offiziell nicht mehr, denn der Staat (⇨ Bundesrad) kümmert sich angeblich um jeden Mitbürger. Also: Wie man bettelt, so lügt man.

betucht, [Adj.] wer unbetucht ist, kann sich z.B. mit Strippen (⇨ Peepshow) seinen Lebensunterhalt verdienen; ⇨ Elektriker.

Bevölkerung, [fem., –, –en] Wetterbericht: Nachts ist mit zunehmender Bevölkerung zu rechnen, örtlich Hodenfrost. Kindvorhersage: zunehmend schwachsinnig; ⇨ Kinderwahnsinn.

bewegen, [refl. Vb.] »Und sie bewegt sich doch.« (Geilileo Geililei über seine angeblich frigide ⇨ Frau.)

Beweißmaterial, [neutr., –s] Kalkfarbe; ⇨ Bad Segeberg.

Beziehungskiste, [fem., –, –n] einer trage des andern Lust; ⇨ Ehestreit.

Bi-Bär, [mask., –en, –en, lat.-dt.] in Wasserburgen wohnendes Pelztier (Pflanzenfräser) ohne eindeutige sexuelle Orientierung (⇨ Omo™-Sexualität), hat abär ein Faible für Bettwäsche; ⇨ Beer.

Bibel, [fem., –, –n, lat.] a) *lateinisch für* Zwiebel; b) kirchliches Messinstrument (⇨ *Abb.*); ⇨ Kirche.

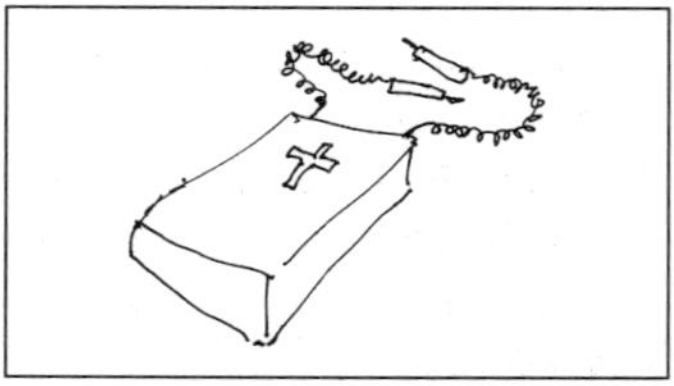

Messinstrument

Bibliothek, [fem., –, –en, griech.-lat.] die Ausstattung einer Bibliothek spricht in der Regal Bände; ⇨ Schriftsteller.

Bielefeld, [neutr., –s] Hauptstadt des Ostmannischen™ Reiches; ⇨ Peter Silie.

Biene, [fem., –, –n] wachst mit ihren Aufgaben; ⇨ Necktar.

Bienenstich, [mask., –s, –e] ist auf der Zunge nicht sehr angenehm, weil man dann so geschwollen daherredet; ⇨ Tourbiene.

Bier, [neutr., –es, –e] schaum zu glauben, um es durch die Blume zu sagen: Augen und Bier haben Deckel (⇨ Lid) und es gibt Bier- und Augenbrauen; ⇨ Reinheitsgebot.

Bieromanie, [fem., –, –n, deutsch-griech.] wenn Leute ohne den täglichen Brand nicht mehr klarkommen; ⇨ Alkoholiker.

Bigamist, [mask., –en, –en, lat.] Bigamisten sind sehr leicht an ihren ⇨ Kontaktanzeigen zu erkennen: zweispaltig.

Big Mecklenburger, [mask., –s, –, engl.-deutsch] ⇨ Fast Food aus Vorpommes; ⇨ Rostock.

Bildschirm-Schoner, [mask., –s, –] *Computer-Fachsprache für* Buch; ⇨ Computer.

Bindemittel, [neutr., –s, –] Grundstoff zur Herstellung von Tampons; ⇨ Frau.

Binsenweisheit, [fem., –, –en] beim Zuknoten eines Schuhes z.B.: Binsen zu fest, krissen nich mehr auf! ⇨ Schleifmittel.

Birke, [fem., –, –n] ⇨ Baum, der durch ⇨ Rindenwahnsinn (geht ja gerade wieder durch die Schlachtzeilen) zur Weißglut getrieben wurde.

Birnbaum, [mask., –es, –bäume] ein junger Birnbaum trägt (mit Fassung) ganz kleine Birnen (ca. 25 ⇨ Watt), ältere schlagen mit bis zu 100 ⇨ Watt zur Buche; ⇨ *Abb.*

Birne, Helene, * Birningham, 1. April 1959, kam wegen Unfrucht mit noch nicht reifen Minderjährigen ins Fruchthaus. Man kann nur hoffen, dass die Bestrafung fruchtet; ⇨ Apfel.

Birnbaum
(ca. 1000 Watt)

Biss, [mask., –es, –e] der Biss eines einzigen ⇨ Pferdes kann für eine Wespe tödlich sein; ⇨ Bienenstich.

Bitter, [mask., –s, –] Person, die etwas mit Beigeschmack haben möchte; ⇨ Reinheitsgebot.

bitter, [Adj.] Komparativ von bitte.

Blasebalg, * Küssnacht 8. Aug. 1988, Sohn von ⇨ Conny Lingus.

blasen, [intrans. Vb.] beim Nageln auf den Kopf getroffen (*Volksmund*); ⇨ Nagel-Studio.

Blasenleiden, [neutr., –s, –] Blasenleiden sind manchmal alles andere als harnlos; ⇨ Urologe.

Blaupause, [fem., –, –n] vom Chef nicht genehmigte Unterbrechung der Arbeit (⇨ *Abb.*). Jener wird rot vor Wut und die Kollegen gelb vor Neid; ⇨ durchpausen.

Blaupause

Blei, [neutr., –s] a) etwas plumb wirkendes Metall. b) Captain, wollte seiner Mannschaft kein Bounty™ geben, worauf sie meuterte; ⇨ Ben Zin.

Bleistift, [mask., –s, –e] Auszubildender in der Schwermetallindustrie, macht gute Mine zum bösen Spiel; ⇨ Pencilvania.

Bleistiftspitzel, [mask., –s, –] der klassische Schreibtischtäter; ⇨ Beschattungsunternehmer.

Blutlache, [fem., –, –n] vendetta lustich zujeht auffer Schießerei; ⇨ Rächenbuch.

Bogen, [mask., –s, –] aufgebauschtes Stück Papier; ⇨ Violine.

Bohne, [fem., –, –n] interessiert uns nicht die selbige; ⇨ Banane.

Bohr, Niels, * Kopenhagen 7. Okt. 1885, † ebd. 22. Jan. 1951, dänischer Erfinder der gleichnamigen Maschine (⇨ Bohrfutter), außerdem erfand er das Bananenschalen-Modell; ⇨ Mutterwitz.

Bohrfutter, [neutr., –s] Verpflegung für Bohrmaschinen. Wenn sie nichts zu fressen bekommen, stellen sie bohrende Fragen und veranstalten einen bohrenbetäubenden Lärm. Nachts träumen sie von einer einsamen Bohrinsel; ⇨ Zahnpastor.

Boile, [fem., –, –n, lat.-franz.-engl.-deutsch] schmerzhafte Schwellung nach Zusammenstoß mit einem Warmwasserbereiter; ⇨ Thermopain.

Boje, [fem., –, –n, deutsch-franz.] zur Aussprache: ›Boje‹ wird auf der ersten Silbe betonnt; ⇨ Schiffswrack.

Bola, Tom, * Glücksburg 24.9.60, der erste ⇨ Lotto-Gewinner.

Bootschaft, [fem., –, –en] Schiffsbesatzung; ⇨ Seemann.

Bord, [neutr., –es, –e] a) wird auch Etagere genannt, aber das ist elativ regal (⇨ Elativitätstheorie); b) neben dem bekannten Bücherbord (⇨ Bibliothek) gibt es auch z.B. in Lenkradfabriken das Steuerbord (⇨ *Abb.*) und in der Küche das Backbord; ⇨ Mehlbox.

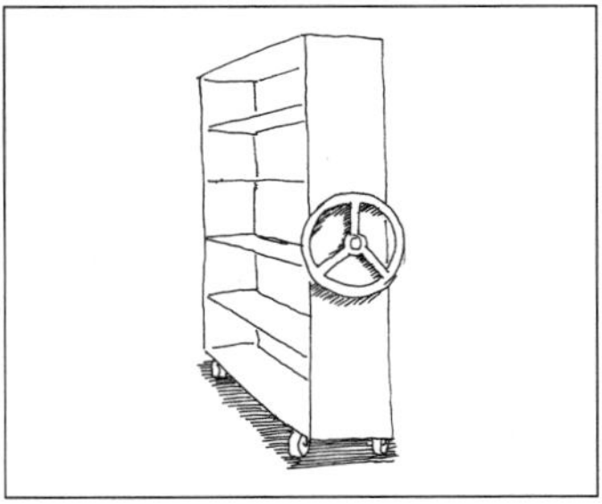

Steuerbord

Bosskopp, [mask., –s, –köppe] Chef, der sich apfelut durchsetzen will – mit teilweise bosshaften Bemerkungen; ⇨ Blaupause.

Bote, [mask., –n, –n] Boten sind meistens geschickt.

Bowist, [mask., –en, –en, engl.-dt.] diese überzeugten David-Bowie-Fans schießen in letzter Zeit wie ⇨ Pilze aus dem Boden.

Boxhorn, [neutr., –s] man sollte sich von Henry Maske lieber nicht ins Boxhorn (⇨ *Abb.*) jagen lassen, bevor man sich nicht über seine Rechte aufgeklärt hat.

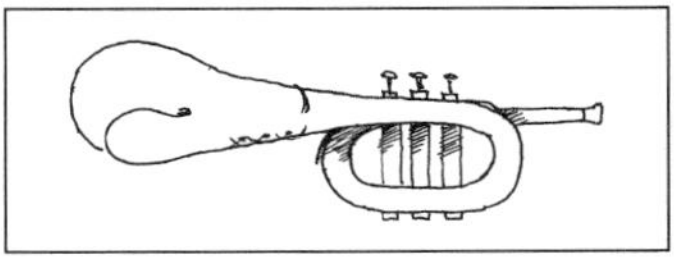

Boxhorn

Brandt-Stiftung, [fem., –] bisher ist die SPD noch unwillyg, die Friedrich-Ebert-Stiftung derart umzubenennen; ⇨ Helmut Schmidt.

Braunschweig, [neutr., –s] die einzig richtige Antwort auf Neo-Nazis; ⇨ Hitler.

brechen, [trans. Vb.] die Auswirkungen von Alkohol sind, nüchtern betrachtet, nicht unbrechenbar (⇨ Reiher); wer ein gebrochenes Verhältnis zum Alkohol hat, sollte über kotz oder lang lieber nicht so viel trinken, speitestens dann wird man es ihm nicht verübeln (⇨ Übeltäter). Und übelhaupt: Lieber biegen als brechen (⇨ *Abb.*); ⇨ Fraktur.

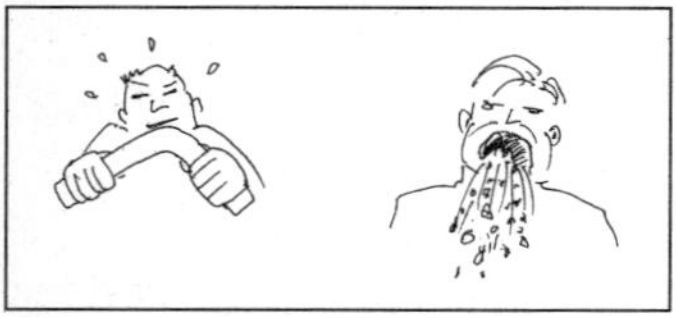

biegen und brechen (v.l.n.r.)

Brechmittel, [neutr., –s, –] z.B. Brechbohne oder Brecheisen.

Brei, [mask., –s, –e] wir wollen hier nicht lang und brei die Zubreitungsrezepte (⇨ Zubreitung) breitreten, da gibt es manscherlei Möglichkeiten. Brei ist eben von Mansch zu Mansch verschieden (Matscho-Spruch). Für Reisen empfehlen wir übrigens Brei™ in der Tube.

Bremen, [neutr., –s] hat bremerkenswerterweise einen nicht unweserlichen Einfluss auf Bremerhaven.

Bremse, [fem., –, –n] ⇨ Stechfliegen, die sich auf bestimmte Körperteile spezialisiert haben, wie z.B. die Hand-Bremse oder die Fuß-Bremse; ⇨ *Abb.*

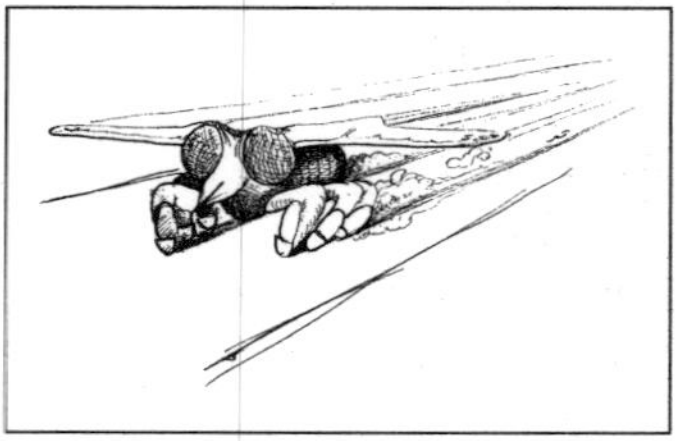

Fuß-Bremse

Brennspiritus, [mask., –] vergällt's Gott?

Briecats, [Plur., franz.-engl.] *franz.-engl. für* Käsekatzen.

Brief, [mask., –es, –e, lat.] wenn jemandem ein Brief mal nicht so gelungen ist: Kein Grund, ihn gleich abzustempeln; ⇨ Postmoderne.

Briefkopf, [mask., –es, –köpfe, lat.-deutsch] ⇨ *Abb.*

Briefkopf

Briefmark, [fem., –, –märker, lat.-deutsch] war irgendwann mal das Porto für einen Standardbrief bis 20 g.

Brieftaube, [mask., –n, –n, lat.-dt.] wer nicht hören kann, muss lesen.

Briefträger, [mask., –s, –, lat.-deutsch] je mehr telekilogrammschwere Post er schleppen muss, desto träger wird er, auch wenn Eile geboten ist. Im Nebenberuf meist auch noch Hosen- und Brillenträger; ⇨ Telekompost.

Briekett, [mask., –s, franz.-niederl.] Hartkäse aus Frankreich.

Broschüre, [fem., –, –n, lat.-franz.] brillant formuliertes, heftiges Werbemagazin für Broschen – im Gegensatz zu billigen Broschenheften, die z.B. nicht auf Ansteckgefahren (⇨ Orden) hinweisen.

Brückenfeile

Brückenfeiler, [mask., –s, –] a) ⇨ *Abb.*; b) kronisch überbezahlter Dentalarchitekt. Nach der Gesundheitsreform gibt es aber doch noch einen Trost für uns: »Ein Lied kann eine Brücke sein« (Joy Fleming); ⇨ Zahnpastor.

Brunstzeit, [fem., –, –en] Balz über Kopf.

BSE, [engl.] ist anscheinend doch eine ansteakende Krankheit; ⇨ Hertha BSE.

Buchdrücker, [mask., –s, –] ambulanter Buchhändler; ⇨ Druckverband.

Büchsenmacher, [mask., –s, –] a) *scherzhaft für* Hersteller von ⇨ Konservendosen; b) *plattdeutsch für* Hosenhersteller; ⇨ Yakvoll.

Buchstütze, [fem,. –] staatliche Hilfe für bedürftige Buchhändler, schließlich können nicht alle als ⇨ Buchdrücker unterkommen.

Buchstab, [mask., –es, –stäbe] höheres Management in einem Verlag; ⇨ reclamieren.

Buckelwal, [mask., –s, –e] die Gesänge dieser gut durchtranierten Tierchen gibt es auch auf ⇨ CD – natürlich in Hai Fidelity; ⇨ Glöckner.

Budweiser, [eingetr. Wz.] braut für die Welt; ⇨ Reinheitsgebot.

Bulle, [mask., –n, –n] Gewohnheitsstier; ⇨ Kuhrage.

Bum, Al, * Illinoise 3.3.1945, amerik. Erfinder der Langspielplatte; ⇨ tonarm.

Bundeslegierung, [fem., –, –en] offizielle Metallmischung zur Herstellung von Markstücken; ⇨ Tomatenmark.

Bundesrad, [neutr., –es, –räder] hier geht's rund.

Bundesverfassungsgericht, [neutr., –s] egal, in welcher Verfassung sich die ⇨ Richter befinden, sie wollen rechtschaffene Rechtschaffende sein.

Bungeejumping, [neutr., –s, engl.] durch die Stürze kommt die Würze. Buchtipp: Fachliteratur im Springer™-Verlag (verzeichnet zwar fallende Umsätze – aber wen stürz?). Entsprechende Modellbausätze kauft man am besten bei Faller™; ⇨ Spring!

Bürgerking, [mask., –s, –s, deutsch-amerik.] *salopp für* Gemeindevorsteher.

Burgermeister, [mask., –s, –, amerik.-dt.] Oberbräter im Schnellimbiss; ⇨ Oldenburger.

Bus-Art, [fem., –, lat.-engl.] ⇨ *Abb.*

Bush, George, * Milton 12. Juni 1924, in den USA bislang der Letzte der Republikaner, worüber sich diese übrigens sehr aufreagan.

Bus- und Bett-Tag, [mask., –es, –e] noch bis vor ein paar Jahren wurden an diesem Tag morgens alle Busse hinausgetrieben und erst am Abend durften sie sich wieder in ihren Bushalteställen schlafen legen.

Busenfreund, [mask., –es, –e] brüstet sich damit, ⇨ Playboy-Leser zu sein, er schwärmt aber auch für Tausendundeine Nackt; ⇨ *Abb.*

Busenfreund

bütten, [trans. Vb.] »Darf ich dich um etwas ⇨ Papier bütten?«

Büxenöffner, [mask., –s, –, plattd.-deutsch] Reißverschluss.

Bus-Art

C

Camera, [fem., –, –s, lat.] a) sehr obscur: erst wurden Cameras entwickelt, dann (von Rolf Ilm, * Kuckuck 16.9.28) Filme; b) Vorsicht beim Kauf: Nicht von langen Verschlusszeiten blenden lassen!

Cannes, [neutr., –] man cann wohl sagen, dass Cannes becannt ist wegen der vielen Kaffeecannen – die gibt es dort nämlich in Tülle und Fülle.

Cañon, [mask., –s, –s, griech.-lat.-span.] hier wird einem so ⇨ klamm, dass es einem abgrundtief schlecht werden kann.

Carmen, [fem., –] Oper-Mädchen; ⇨ Musik.

Carport, [mask., –s, –s, engl.] offensichtlich eine Unterstellung.

Casanova, Giacomo Girolamo, * Venedig 2. April 1725, † Schloss Dux 4. Juni 1798, konnte einiges wegstecken, nachzulesen in seinen »Gerammelten Werken«.

Castor™-Transport, [mask., –s, –e, engl.-lat.] die kritische Masse stellt hierzu fest: Die Frage ist wohl weniger was als vielmehr wer hier verladen werden soll; ⇨ Demonstrand.

CD, [fem., –, –s] a) [eingetr. Wz.] *veraltend* Seife. b) [engl.] compact disc, etwas unbescheiblich *Rom*antisches; ⇨ Computer.

CD-Rom, [fem., –, engl.-ital.] christlich-demokratische Partei in Italien; ⇨ Römer.

Celle, [fem., –, –n] Lebensbaustein, der z.B. dafür sorgt, dass die Niedersachsen nicht aller verden.

CF, [mask., –s, –s, dän.] *dänische Abkürzung für* compact fisk, (*scherzhaft für* Fischfrikadelle).

Cheeseburger, Bewohner eines Vororts von ⇨ Hamburg; ⇨ Burgermeister.

Chemiker, [mask., –s, –, arab.-ital.-franz.] Chemiker zeichnen sich durch Reduktion auf formelhafte Sprache (⇨ *Abb.*) aus. Meistens machen sie nur chemische Bemerkungen nach dem Motto: Aus den Laugen, aus dem Sinn; ⇨ Usus.

Schwafelsäure

Chicsal, [neutr., –s, –e, franz.-dt.] schönes Los; ⇨ Schicksaal.

Chili, Otto, * Bochum 20. Juli 1932, hatte bei der letzten Carne-Wahl (»Darf ich ⇨ bütten?«) großen Erfolg. Fleisch klappt's ja auch beim nächsten Mahl.

Chinah, [neutr., –s] dieses ervolkreiche Land liegt trotz seines Namens in Fernost. Wichtigster Exportartikel: Reisverschlüsse. Die jährliche Ernte wird bedroht von den gefährlichen Reiswölfen und von Reisüberflutung (⇨ *Abb.*). Übligens: Bei einer Leise mit dem Auto durch Chinah sollte man sich auf Autobahnen an die Lichtgeschwindigkeit halten.

Chlor, [Interj., plattd.] »Na, sech mi maal, is dor in Solt wohrhaftig Natrium binnen?« – »Chlor!« ⇨ Salzstange.

Christstollen, [mask., s–, –] Teil eines Weihnachtsbergwerks (⇨ *Abb.*); ⇨ Erzgewinnung.

Christstollen
(Eingang)

Christus, * Bethlehem 24. Dez. 0, † Jerusalem Karfreitag 34, »Christu nich noch ⇨ Geld v. mir?« – »Und hiob!« – »OK, dann christus morgen.« ⇨ Jesus.

Reisüberflutung

Chronograf, [mask., –en, –en, griech.-deutsch] ein uhrzeitlicher Adelstitel; ⇨ Zeiger.

Claqueurin, [fem., –, –nen, franz.] *französisch für* Klatschtante.

Clipschule, [fem., –, –n, engl.-dt.] Ausbildungsstätte für Videofilmer; ⇨ Camera.

clown, [trans. Vb., engl.] schon in der ⇨ Bibel eine stehlerne Regel: ⇨ Du sollst nicht clown.

cogito ergo nomie, [lat.] Designer-Schnack.

cogito ergo sum, [lat.] eine Art Selbstvereidigung.

coitus ergo sum, [lat.] *1. Pers. Singular, Präservativ.*

Collier, [mask., –s, –e, engl.-lat.-franz.] Züchter von schottischen Schäferhunden. Der Umgang mit diesen Tieren erfordert natürlich einiges an Töleranz, aber im Hunde genommen ist diesen Leuten sowieso alles egal: »Lassie man.«; ⇨ Abortierhund.

Collins, Phil, * London 31. Jan. 1951, überzeugte bei seinem »Wetten, dass ... ?«-Auftritt auch die letzten Zweifler: Er konnte tatsächlich zwanzig seiner eigenen Titel – einzig und allein am Klang – unterscheiden.

Computer, [mask., –s, –, engl.] a) erleichtert angeblich die Arbyte, ⇨ Festplatte. b) Bedienungshinweis: Wenn der Computer dauernd abstürzt, sollte man ihn mehr in Richtung Tischmitte schieben; c) ähnlich wie bei ⇨ Propheten läuft ⇨ hier ohne Eingebung gar nichts; ⇨ Festplatte.

Coubertin, Pierre de, * Paris 1. Jan. 1863, † Genf 2. Sept. 1937, Herr der Olympischen Ringe (Tolkiene Formulierung); ⇨ Olympische Spüle.

Cousin, [mask., –s, –s, franz.] vetter Typ; ⇨ Onkel.

Cow-Kasus, [mask., –, engl.-lat.] Gebirgszug in Rinderindien. Der Name ist übrigens reiner Kuhfall.

Cremer, [mask., –s, –, lat.-franz.] Nivea™-Händler; ⇨ *Abb.*

Cremer

Curry, Madame, * Warschau 7. Nov. 1867, † Sancellemoz 4. Juli 1934, wollte in ihren chicken

Klamotten mit dem Kochen von Gerichten eigentlich nichts zu huhn haben. Sie hing viel in Würzhäusern herum und machte eine elementare Entdeckung: Sie nahm einfach etwas Radi, um dem Ganzen etwas mehr Geschmack zu geben – sehr nobel; ⇨ Peter Silie.

D

Damverschluss, [mask., –es, –schlüsse] Keuschheitsgürtel; ⇨ Reizverschluss.

Dampf, Hans, * Wrasen (Südschwaden) 31. Nov. 1928, Gassenhauer; ⇨ Nebelmaschine.

Dænemårk, [neutr., –s] beim urlåub in Dænemårk ißt følgendeß ßu beåchten: måchen ßie tæglich ihre dænungsübungen. Daß ißt bei dænen daß å und ø! ÆlßØ: ßeien ßie nicht fåul im ßtååte Dænemårk; ⇨ Emmen-Taler.

Dativ, [mask., –s, –e, lat.] ist dem ⇨ Genitiv sein Tod. Fallsüchtige Sprachwissenschaftler sehen ihre Fälle schwimmen.

Datumsgrenze, [fem., –, –n, lat.-deutsch] Monats-Regel: für die meisten Monate liegt die Datumsgrenze bei 31; ⇨ Freyja.

daun, [Adj., engl.-deutsch] wenn z.B. Enten (⇨ Ambi-Ente) das Gefühl haben, keine Sprungfeder mehr zu besitzen und zu keinem Federball (⇨ Ball) eingeladen zu werden, fühlen sie sich daun; ⇨ *Abb.*

Ente
(total daun)

Daus, [fem., –] ⇨ Holstein.

D'Awammahar, [fem., arab.] *arabisch f.* Glatze; ⇨ Kochplatte.

Day Tripper, [mask., –s, –, engl.] kein von ⇨ Urologen untersuchtes Phänomen, sondern ein Song der Beatles™; ⇨ Gonokoggen.

Deckenbeleuchtung, [fem., –, –en] Lichtquelle für Zuchtbullen; ⇨ Bulle.

Deepstahl, [mask., engl.-deutsch] illegale Raubkopie von Heavy-Metal-Scheiben, insbesondere von Purple™; ⇨ Maßnahme.

deka-dent, [eingetr. Wz.] Zahncreme für Yuppies; ⇨ unplaqued.

Delhigiertenkonferenz, [fem., –, –en, ind.-lat.] das indische Parlament; ⇨ Kastenwagen.

Delhikatesse, [fem., –, –n, ind.-lat.-franz.] Spezialität aus Indien, wie z.B. das Delhi-Mehl™; ⇨ Reis-Leistungs-Verhältnis.

Demonstrand, [mask., –es, –strände, lat.-engl.] am Demonstrand überschlagen sich die Protestwellen; ⇨Apotheke.

Dent, Evi, * Offenbarch 31. April 1972, offensichtlich ein ziemlich steiler Zahn; ⇨ präsident™.

Dental-Center, [neutr., –s, –, lat.-engl.] a) Zähne-Treff. Typische Begrüßung: »Ich beiße Sie recht herzlich willkommen.« Typische Verabschiedung: »Biss morgen!«; ⇨ Zahnpastor; b) *scherzhaft für* ⇨ Mund (»Der Mund ist aufgegangen, die goldnen Zähnlein prangen ... «); ⇨ *Abb.*

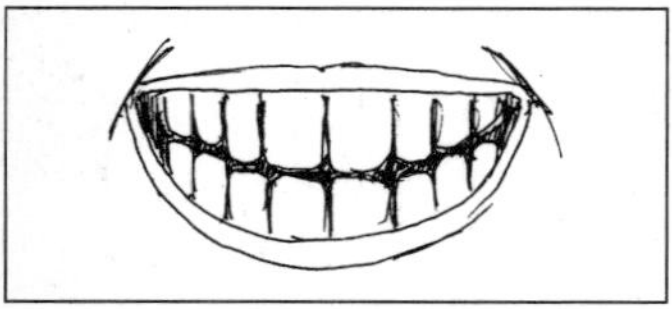

Dental-Center

Der Wasserspiegel, [mask., –s, eingetr. Wz.] Nachrichtenmagazin für ⇨ Seeleute; ⇨ Norma Lnull.

Despoetismus, [mask., –, –men, griech.-lat.] willkürliche Herrschaft eines Dichterfürsten.

Destillat, [neutr., –s, –e, lat.] Destillat und Essenz sind nicht extrakt das Gleiche; ⇨ Essig.

detailliert, [Part. Perf., lat.-franz.] nicht auf Taille gearbeitet, aber wir wollen das hier nicht im Einzelnen darstellen.

Deuterschiff, [neutr., –s, –e] *hochsprachlich für* Auslegerboot; ⇨ Segelschiff.

deutsch, [Adj.] da muss man wohl den Franzosen Recht geben: wir sind alle ⇨ manisch; ⇨ Bundesrad.

Deutsche Bank, [eingetr. Wz.] »Herein, wenn's nicht Schneider ist!« ⇨ Geld.

Deutschlandkarte, [fem., –, –n] eine gute Deutschlandkarte trägt den Harz auf dem rechten Fleck; ⇨ Hunsrück.

Dezibell, [neutr., –s, –, lat.-franz.] der Lärm, der von ⇨ zehn Hunden verursacht wird; ⇨ Collier.

Dichter, [mask., –s, –] sind ständig neuen ⇨ Reimen auf den Versen. Übrigens: Bitte nie einen Dichter um Verseihung. Das endet in einer Kata-Strophe; ⇨ Fiete Schiller.

Dicktat, [fem., –, –en] »Ich mache gerade eine Diät.« – »Das nimmt dir keiner ab!« – »Doch, doch. Ich bin nur beim letzten Café-Besuch in einen gefährlichen Apfelstrudel geraten.« ⇨ Strudel.

Diebstahl, [mask., –s, –stähle] metallenes Handwerkszeug bei ⇨ Einbrechern; ⇨ Brechmittel.

Dieler, [mask., –s, –] Fußbodenbretterhändler.

Die Sendung mit der Maus, [eingetr. Wz.] ⇨ Computer-Magazin. Da sich die Zuschauer heutzutage jedoch nicht mehr über längere Zeit auf ein Thema konzentrieren können, werden die Beiträge immer cursor; ⇨ Mausoleum.

DNA, [fem., –, –s, engl.] zellt zu den wichtigsten Bausteinen (⇨ Bauklotz) des Lebens.

Docktor, a) [mask., –s, –en] der dümmste Mitarbeiter einer Werft. b) [neutr., –s, –e] Ein- und Ausgang einer Werft; ⇨ *Abb.*

Dolby™-Compartment, [neutr., –s, –s, engl.] Nichtrauscher-Abteil; ⇨ Zug.

Dollar, [mask., –s, –s, amerik.] gegenwertiges Vergütungsmittel, in den letzten Jahrzehnten immer dollar gesunken – sehr bedowerlich; ⇨ Baisse.

Doppeldecker, [mask., –s, –] *scherzhaft für* ⇨ Bigamist; ⇨ Dreiecksverhältnis.

Doppelkopf, [mask., –es, –köpfe] Begriff aus der ⇨ Gen-Technologie.

Doppelmoral, [fem., –] Teamgeist bei Tennisspielern; ⇨ Ball.

doppelt, [Adj.] ⇨ moppeln.

Dorf, [neutr., –es, Dörfer] Dorf bleibt Dorf, da helfen keine Pillen; ⇨ stadthaft.

Draht, [mask., –es, Drähte] von ihm könnte so manches Ding gedräht werden, aber seine ⇨ Talente schlummern eher im Verbogenen.

Docktor

Dreck! [mask., –s] Schmutzbehauptung; ⇨ Rülps.

dreckseln, [trans. Vb.] beschmutzen.

Dreiecksverhältnis, [neutr., –ses, –se] da kann es ziemlich heiß hergehen – 180 Grad sind da eher normal; ⇨ Bigamist.

Drosselklappe, [fem., –, –n] Schnäbel von halsstarigen ⇨ Vögeln; ⇨ *Abb.*

Drosselklappe (Pfeil)

Drückeberger, [mask., –s, –] Heroinsüchtiger voller fixer Ideen; ⇨ Haschpapi.

Druckverband, [mask., –s, –verbände] Dachorganisation der Vertreiber von Printmedien; ⇨ Buchstütze.

Dryfuß-Affäre, [fem., –, franz.] Alfred Dryfuß (* Mülhausen 9. Okt. 1859, † Paris 12. Juli 1935) rief trockenen Fußes seiner Affäre ein eifersüchtiges »J'alousie« hinterher. Weiteres ist nicht bekannt; ⇨ Frank Reich.

du, [Pers.pron.] eine fichtige Feststellung für Egoisten: Nicht-Ich ist nichtig; ⇨ Schuby.

Duck, Dagobert, * Entenhausen/Duckstein 1. April 1937, etwas einsilbriger Typ. Nach ihm werden alle, die hinter Schotter, Moos, Kies etc. her sind, Duck-Mäuser genannt; ⇨ Micky Maus.

Duhnke, Harald, * Bommerlund 29. Feb. 1927, ihm geht es um Rum und Ehre; ⇨ Vollbreit-Stipendium.

Dummes Zeug, [neutr., –s] *Sammelbegriff für* doofe Kleidungsstücke, dazu gehören u.a. die Dumpfjacke, das Ungehemd und die Apothehose; ⇨ Saumzeug.

Dummfe, [fem., –, –n] *Gegenteil von* Schlaufe.

Dunstabzugshaube, [fem., –, –n] Kopfbedeckung für cholerische ⇨ Nonnen.

Dunstkreis, [mask., –es, –e] Gase breiten sich gleichförmig im Raum aus und bilden daher, zumindest zweidimensional betrachtet, einen Kreis (⇨ Pipi). Die Form einer Dunstglocke ist dagegen weitgehend unerforscht; ⇨ Wissenschaftler.

Durch-Fall, [mask., –s, –Fälle] *abwertend für* ⇨ Akkusativ (durch, für, ohne, um, ...); ⇨ Dativ.

durchpausen, [intrans. Vb.] gar nicht erst wieder mit der Arbeit anfangen; ⇨ Blaupause.

Durchschnittlauch, [mask., –s] ist ein eher mittelmäßiges Küchengewürzkraut; ⇨ Bestsellerie.

Durchstaaten, [Plur.] dazu gehört z.B. Schleswig-Holstein: Alle staaten auf der A7 durch und dabei bleibt der wirtschaftliche Aufschwung auf der Strecke; ⇨ Kiel.

duzend, [Part. Perf.] der Lehrer unterhält sich duzend mit den zwölf Kindern in der Klasse und erträgt den Lärm von den zwölf bis Mittag; ⇨ Peter Gogik.

E

Eaux!, [Interj., franz.] überraschter Ausruf bei der Diagnose von Wasser in den Beinen; ⇨ OH_2.

Ebene, [fem., –, –n] ⇨ unerhebliche – und dadurch extrem unkuhle – Geländeform. Mit dieser Definition kann man allerdings manchmal auch schief liegen; ⇨ Rocky Mountains.

Echscenter, [neutr., –s, –, deutsch-engl.] Krokodilfarm; ⇨ Kai Man.

Edelsteinimitation, [fem., –, –en, deutsch-lat.] »Na, wie ist denn dein neuer Job in der Fabrik für Edelsteinimitationen?« – »Ziemlich strassig.« ⇨ Broschüre.

Egel, [mask., –s, –] sind meistens egelhaft schwarz, wie eine Egelanfrage ergab – Ausnahmen bestätigen die Egel nur ungern; ⇨ Schlepperbande.

Ehestreit, [mask., –s] Ehemann sich's versieht, Braut sich was zusammen; ⇨ Porzellanmanufraktur.

Ei!, [Interj.] das vielleicht zärtlichste Naturprodukt der Welt; ⇨ Hühnergrab.

Eiche, [fem., –, –n] die Eiche gilt als die Prostituierte unter den ⇨ Laubbäumen. Ihr ⇨ Geld verdient sie sich auf dem sogenannten Eichstrich. Fazit: Eichenlob stinkt; ⇨ Baum.

Eichhörnchen, [neutr., –s, –] Normbrötchen; ⇨ Bäcker.

Eider [fem., –] ⇨ Daus.

Eierkuchen, [mask., –s, –] *Superlativ von* ⇨ Friede.

Eigenkot, [mask., –s] Eigenkot stinkt; ⇨ Klo.

Einbrecher, [mask., –s, –] a) die Polizei ist bei der Bekämpfung der Kriminalität ziemlich eingebrochen, ⇨ Polizistenwärme; b) ⇨ *Abb.*

Einbrecher

Einfallspinsel, [mask., –s, –] besonders kreativer ⇨ Maler.

Einrad, [neutr., –es, –räder] *fachsprachlich für* Schubkarre.

Einschreiben, [neutr., –s, –] ⇨ *Abb.*

Einschreiben

einsilbig, [Adj.] ⇨ Wörter mit bis zu ⇨ zehn ⇨ Buchstaben, die normalerweise mit einer Silbe erwähnt werden, z.B. »Was *schlurftst* du hier herum? Du *schlauchst* mich!« ⇨ Wortspiel.

Einstein, * Ulm 14. März 1879, † Princeton 18. April 1955, alle Welt fragte sich damals relativ verwirrt: Albert Einstein herum? ⇨ *Abb.*

Verrechnungsschreck

Eis, [neutr., –es] »Mein Eis ist in den ⇨ Sand gefallen!« – »Macht nichts; denn was man Quarz auf Eis hat, kann man getrost nach Hause tragen.« ⇨ Packeis.

Elativitätstheorie, [fem., –, griech.-lat.] erntet in kundigsten Fachkreisen höchste Anerkennung.

Elch-Klasse™, [fem, –] neue Baureihe bei Mercedes™; ⇨ Umfallversicherung.

Eld, Rolf, * Fliegenberg 23.9.19, Begründer der Pilotenvereinigung Cocktail; ⇨ Fluchzeug.

Elektriker
(in leitender Position)

Elektriker, [mask., –s, –, griech.-lat.] müssen – besonders in leitender Position – immer auf ⇨ Draht sein (⇨ *Abb.*) und wirken dadurch manchmal ungevolt komisch; ⇨ Beleuchtungskörper.

Elementarteilchen, [neutr., –s, –, lat.-deutsch] die Erforschung von Elementarteilchen ist an und physik aus dem Gröbsten raus, aber immer noch wird viel ⇨ Quark geredet; ⇨ Niels Bohr.

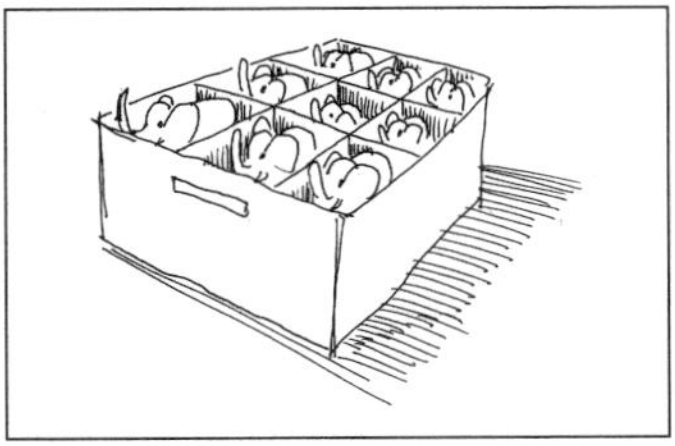

Elepfand

Elepfand, [mask., –en, –en] der praktische Mehrweg-Dickhäuter (⇨ *Abb.*), hatte allerdings früher mal einen Hang zum Hannibalismus.

Elfen

Elf, [mask., –en, –en] Elfen (⇨ Abb.) haben ein sexuelles Problem: Sie kommen immer zwischen ⇨ zehn und zwölf; ⇨ Claudia Ziffer.

El Niño, [mask., –, span.] im Gegensatz zu Klassikern wie ⇨ Golf- oder Humboldtstrom wohl eher eine Modeströmung; ⇨ Der Wasserspiegel.

e-mailieren, [trans. Vb., franz.-engl.] mit elektronischer Post überziehen; ⇨ Mehlbox.

Embryo, [mask., –s, –nen, griech.-lat.] Embryonen haben sich meistens bei irgendwelchen Feten kennengelernt.

Emmen-Taler, [mask., –s, –] scherzhaft für Ein-Kronen-Stücke, die es in ⇨ Dænemårk loch und løcher gibt; ⇨ schwerørig.

Emulsion, [fem., –, –en, lat.] ⇨ Öl in die Nordsee zu kippen ist auch im chemischen Sinne keine Lösung; ⇨ Chemiker.

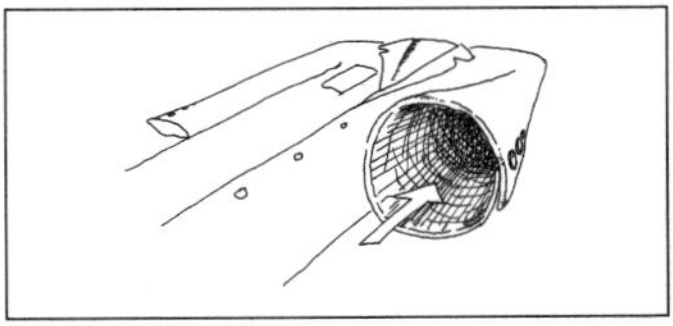

Ärmelkanal

England, [neutr., –s] damit bei Demonstrationen etc. die Situation nicht außer Kontrolle great, ist ein Teil der Polizei britain; ⇨ *Abb.*

entgeistert, [Part. Perf.] Zustand nach einer Exorzierung; ⇨ Kirche.

entschlossen, [intrans. Vb.] von Schlössern befreien; ⇨ Amboss.

Entwicklung, [fem., –, –en] dass man mit gallopierenden Entwicklungen Schritt halten muss, ist zum Glück nur im übertrabenden Sinne gemeint; ⇨ Gangart.

Erbanlage, [fem., –, –n] Hi-Fi-Turm von Mami und Papi; ⇨ Trom-Bose™.

Erbsenzähler, [mask., –s, –] wenn er nicht die ⇨ Bohne von seinem Job versteht, kommt er vor ein Linsengericht.

Erbtante, [fem., –, –n] ihr ist man auf Gedeih und Vererb ausgeliefert; ⇨ Uhrgroßvater.

Erdbeere, [fem., –] Frage schur Grammatik: »Warum gibt esch keine Mehrschal von ›Erdbeere‹?« – »›Erdbeere‹ ischt unschälbar.«

Erdnuss, [fem., –, –nüsse] Erdnüsse essen wir immer wieder kerne. Außerdem sind die Anschaffungskosten nicht sehr hoch – es sind nur ›peanuts‹; ⇨ Deutsche Bank.

Erfurt, [neutr., –s] absolute Mobilität ist hier angesagt – sonst kann man leicht in Erfurt erstarren.

Erlass, [mask., –es, Erlässe] Druck-Schrift.

Erzgewinnung, [fem., –] wie kommt man an Erz? Natürlich kann man Lotto spielen und darauf hoffen, dass man Erz gewinnt. Besser ist es jedoch, ein ⇨ Bergwerk – nach Ausschalten von Erzrivalen – zu bekommen. Die Fachkräfte in dieser Branche sind aber keinesfalls durchweg Erzengel (⇨ Christstollen), also vor Erzschurken (»Kein Erz für Kinder!«) sei gewarnt. Wichtig ist es außerdem, einen Erzzähler einzustellen, erst das bedeutet eine Sicherstellung der erzlichen Versorgung; ⇨ Koks.

Eskimo, [mask., –s, –s, indian.] bekanntester Vertreter dieses Volks war der Polizei-Lieutenant Kajak (im Nebenberuf Glatziologe), der immer einen gefrorenen Lolli (von Iglo™) im Mund hatte; ⇨ Nacht.

essig, [Vb.-Pers.pron.] das klassische Diät-Dilemma: Essig oder essig nicht? ⇨ Dicktat.

Etikette, [fem., –, –n, franz.] einige Personen befällt beim Anblick von Etiketten Schwindel; ⇨ *Abb.*

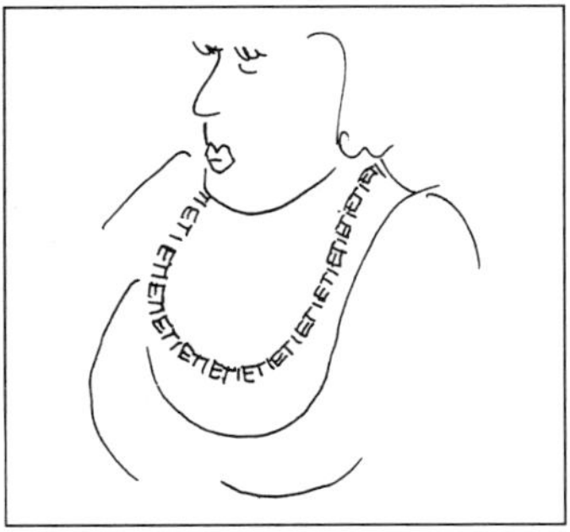

Etikette
(Ausschnittsvergrößerung)

Ette, Marion, * Puppet-on-String (England) 31. Juni 1961, mit ihr sollte man lieber nicht anbändeln, weil sie sich als ziemlicher Hängertyp entpuppt; ⇨ *Abb.*

Euro-Fighter, [mask., –s, –, deutsch-engl.] besonders vehementer Vertreter der europäischen Währungsunion; ⇨ Neuro.

Europathologe, [mask., –n, –n, griech.] Währungsfachmann.

EWG, [fem., –] Europäische Wohngemeinschaft.

ewig, [Adj.] ewig währt am längsten.

Exhibitionist, [mask., –en, –en, lat.-franz.] wer kennt nicht die Geschichte von einem, der sich auszog, um das Fürchten zu lehren? ⇨ Spanner.

Exkommunikation, [fem., –, lat.] Gespräch unter Geschiedenen, kann u.U. zur Ent-Scheidung führen; ⇨ Trennkost.

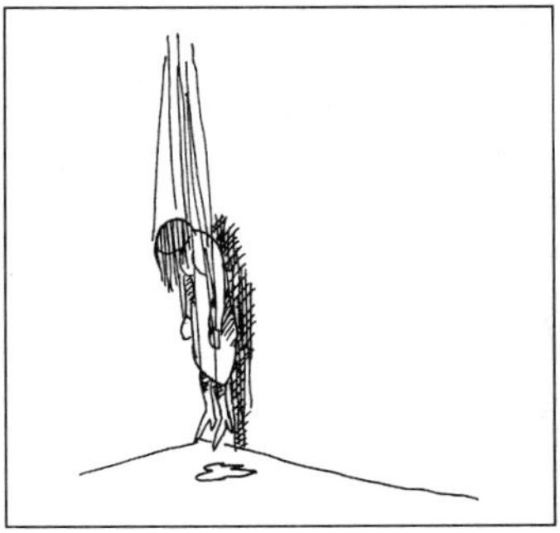

Marion Ette

F

Fahnenflucht, [mask., –, –en] Abhauen, ohne mit dem Wimpel zu zucken; ⇨ Soldatenvereidigung.

Fährmann, [mask., –s, –leute] hat öfter mal einen im ⇨ Kahn; ⇨ Lo-Tse.

Fahr-Rat, [mask., –es] ein guter Fahr-Rat: Lass das Auto stehen! ⇨ Autogram.

Fairhafen, [mask., –s, –häfen, engl.-deutsch] hier sind die Seeleute netter zueinander; wenn jemand unbootmäßige Sprüche (⇨ Dschingis Kahn) vom Stapel lässt, wird er sofort zur Reede gestellt; ⇨ Aristoteles Onassis.

Fäkalsprache, [fem., –, lat.-deutsch] »Meine Sau hat nur zwei Fäkal geworfen.« – »Oh, Scheiße, das ist ja unter aller Sau!« ⇨ Kackophonie.

Falschfahrer, [mask., –s, –] obwohl Falschfahrer sehr entgegenkommend sind, gilt: Wer mit einem Falschfahrer (⇨ *Abb.*) verkehrt, macht noch längst nicht alles richtig; ⇨ Verkehrsbehinderung.

Falschfahrer (2.v.r.)

Faltboot, [neutr., –s, –e] unansehnlich gewordenes Schiff (⇨ *Abb.*) nach überschrittenem Verfaltsdatum; ⇨ Schiffswrack.

Faltboot

Faltenrock, [mask., –s] bei dieser Musikrichtung aus Schrottland wird ⇨ Heavy Metal so zerknittert, dass es zum Steinerweichen (⇨ Rudolf Steiner) ist und jeden kilt; ⇨ Schote.

Fanbedienung, [fem., –, –en, engl.-deutsch] wenn z.B. Mick Jagger (* Dartford 26. Juli 1943) einem das Frühstück bringt; ⇨ Sendeschluss.

Faser, [fem., –, –n] in der Forschung sucht man fiberhaft nach neuen Fasern; ⇨ Nee-Maschine.

Fast Food, [neutr., –s, engl.] a) heißt so, weil es sich dabei fast um Essen handelt, ⇨ Burgermeister; b) ⇨ *Abb.*

Fast Food

Fastnacht, [fem., –] später A-bend.

Feemarn, [neutr., –s] meerchenhafte Insel in der ⇨ Ostsee.

Feige, [fem., –, –n] äußerst mutloses Früchtchen, nimmt ein Blatt vor die Lendengegend, aber nicht vor den ⇨ Mund.

Feile, [Plur.] *Plural von* Feil (⇨ Abb.); ⇨ Querverweis.

Fender™spiel, [neutr., –s, –e] wer bei diesem Spiel etwas falsch macht, muss eine Gitarre (⇨ Liedgitarre) abgeben. Oft geht es sehr verstärkt dabei zu, so dass man einen Marshall™ ruft – der kann dann gebrochene Akkorde etc. eingibson™; ⇨ G7-Gipfel.

Fensterbank, [fem., –, –en] *eindeutschend für* Drive-in-Bank; ⇨ Deutsche Bank.

Fernsehen, [neutr., –s] wir melden uns natürlich zuerst bei der GEZ™, bevor wir die Programme gebührlich empfangen: l'ARD™ pour l'ARD™; ⇨ Sendeschluss.

Fesselballon, [mask., –s, –s, deutsch-franz.] ⇨ *Abb.*

Fest, Manni, * Trier 5. Mai 1818, † London 14. März 1883, Linker, war immer für eine kommunistische Party zu haben; ⇨ Russland.

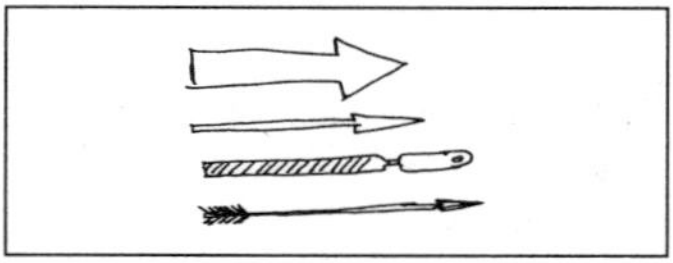

Feile

Festplatte, [fem., –, –n] reicht der echte Computerfreak zur

Stehparty; ⇨ Speichelkapazität.

Fe-Tisch, [mask., –es, –e, lat.-dt.] Möbelstück in Eisenhütten, die Temperaturen in diesen Fabriken machen die Leute so heiß, dass sie den Tisch decken; ⇨ Koks.

Fesselballon (l.)

Fett, [neutr., –s, –e] das Entfernen stößt immer wieder auf größte Schmierigkeiten – hinterher ist man fettig mit der Welt; ⇨ Öl.

Feuer, [neutr., –s, –] »Hastu mal Feuer?« – »Lighter nicht.« ⇨ Raucher.

feuern, [trans. Vb.] da spricht der Chef große Worte entlassen aus und macht abschießende Bemerkungen. Dies gilt aber nicht für nächtliche Stunden, denn wer schläft, kündigt nicht; ⇨ Stellenwert.

Feuerzeug, [neutr., –s] Papier, Pappe, Holz, Benzin etc.

Filmregisseur, [mask., –s, –e, engl.-lat.-franz.] ob eine Szene wirklich gut ist, ist eine Frage der Einstellung; ⇨ Ufer-Film.

Film-Star, [mask., –s, engl.] Sehkrankheit bei Kameraleuten; ⇨ Drosselklappe.

Findelsingen, [neutr., –s] Stadt in Bayern, jährliche Darbietungen von Waisenchören; ⇨ Querverwaise.

Finger, [mask., –s, –] handlicher Körperteil; ⇨ Fuß.

Finsterladen, [mask., –s, –läden] Geschäft der Schattenwirtschaft; ⇨ Steuer.

First-Lady
(Deckengemälde)

First-Lady, [fem., –, –s, deutsch-engl.] *scherzhaft für* Dachdeckerin; ⇨ *Abb.*

Fisch, [mask., –es, –e] da Fische (⇨ *Abb.*) nicht zu den Zeugetieren gehören, gilt das Motto: Laich und Laich gesellt sich gern. OK, so ein ⇨ Wortspiel grät nicht immer, deshalb wollen wir hier den Rogen auch nicht unbuttmäßig überspannen; ⇨ Angelschein.

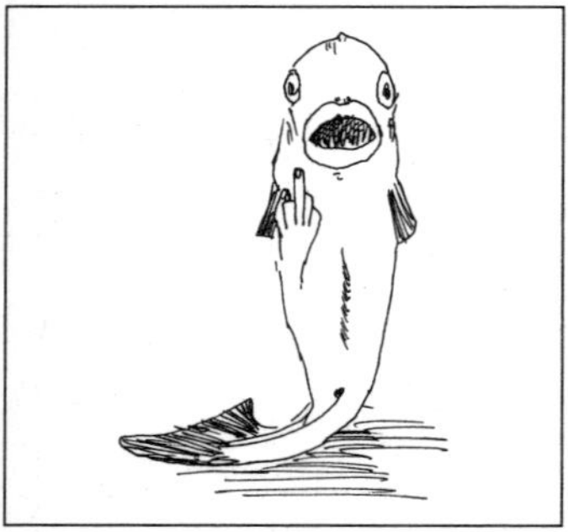

Frechlachs

Fischer, Joseph »Joschka«, * Langenburg 12. April 1948, spielte neben Dieter Krebs und Maria Shell in dem Hochsee-Thriller »9½ Rochen«. Katrin Krabbe hatte eine Angelrolle, Al Niño spielte keine Rolle. Und wer hätte gedacht, dass man als Filmmusiker einen Fisch erchöre? ⇨ Manta.

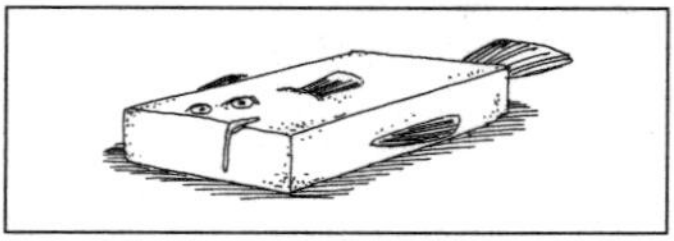

Steinbutt

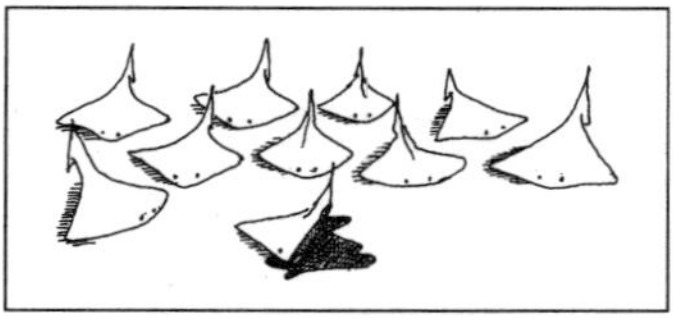

9½ Rochen

Flanschenfresser, [mask., –s, –] *Schweißerdeutsch für* den natürlichen Feind aller Schweißer; ⇨ Schweißhund.

Flegelversicherung, [fem., –, –en] nehmen wir mal die Getreideernte aufs ⇨ Korn: Vor der Einführung des ⇨ Mähdreschers haben sich die Landarbeiter nach der Ernte oft verdroschen (es stießen Flegel mit Köpfen zusammen). Dagegen musste man sich natürlich irgendwie absicheln; ⇨ Hafer.

Flensburg, [neutr., –s] in dieser Stadt in ⇨ Schleswig-Ytong™ wird viel rumgemacht und deshalb gilt sie als Zent-Rum; ⇨ KBA.

Fliesenleger, [mask., –s, –] philosophischer Leitspruch: Alles fliest. (Davon könnten sich z.B. die Glaser mal eine Scheibe abschneiden); ⇨ *Abb.*

Alles fliest

Flinte, [fem., –, –n] die Flinte soll man nicht gleich ins ⇨ Korn werfen, kimme, was da wolle; ⇨ Abschussprüfung.

Flipper, [mask., –s, –, engl.] total ausgetickter Delfin, kommt nicht über den Verlust seiner Verflossenen hinweg (trägt immer noch den E-Hering), hechtet wie wild durch die Gegend und hat nichts Besseres zu thun, als wallos zu irgendwelchen Drogen zu greifen – und ist dementsprechend ständig hai; ⇨ Wallokal.

Flottweg! [Interj.] Der Albtraum eines jeden Kapitäns; ⇨ Seemann.

Fluchzeug, [neutr., –s, –e] Verkehrsmittel, in dem man oft übelsten Beschimpfungen ausgesetzt ist; ⇨ Rolf Eld.

fotofinnisch, [Adj., griech.-deutsch] bilderreiche Sprache in Skandinavien; ⇨ skålpieren.

Fotokamerad, [mask., –en, –en, griech.-lat.-ital.-franz.] Kollege aus der Filmbranche, standesgemäße Begrüßung: Buenas Dias; ⇨ Film-Star.

Frack-Tour, [fem., –, –en, deutsch-lat.-franz.] Reise im schwarzen Anzug; ⇨ Hochzeit.

Fraktur, [fem., –, –en, lat.] wer ein gebrochenes Verhältnis zur Fraktur hat, sollte lieber keine altdeutschen Texte lesen; ⇨ Redundanz.

frank, eine ausführliche Analyse des Wortes »frank« furt hier wohl zu weit.

Frankfurt, [neutr., –s] Treffpunkt für Börsewichter. Warum ist das so? Das liegt doch am Main, ⇨ Oder? ⇨ Dollar.

Frau, [fem., –, –en] a) Frauen sind in der Regel nicht ansprechbar, ⇨ Datumsgrenze; b) Frauen gelten noch immer als die Kleidtragenden in unserer Gesellschaft; ⇨ Alice Schwarzer.

freien, [trans. Vb.] Kentucky freit Chicken, aber dieses Beispiel ist wohl am Hahn herbeigezogen; ⇨ Porzellanmanufraktur.

freilos, [Adj.] eingesperrt; ⇨ *Abb.*

freilos

Freizeit, [fem., –, –en] beurlaubt ist, was gefällt; ⇨ Urlauber.

Fremdsprachenunterricht, [mask., –s] *Lehrer:* »Was heißt ›Leben‹ auf französisch?« *Schüler:* »Wie?« *Lehrer:* »Gut, setzen.« ⇨ Pädagogik.

Fresse, Anne, * Mündchen 7. Juli 1977, bekannt aus der »Drei Goschen Oper«, Schwester von ⇨ Inge Sicht.

Freud, Sigmund, * Freiberg 6. Mai 1856, † London 23. Sept. 1939, Leidfigur der Psychoanalyse; ⇨ Schamhaare.

Freude [fem., –, –n] ⇨ Eierkuchen.

Freyja, [fem., –] nordische Göttin, in der Regel hatte sie Asenbluten; ⇨ Frau.

Friede [mask., –ns, –n] ⇨ Freude.

Frisör, [mask., –s, –e, franz.] Frisöre versuchen behaarlich, einen mit ständig neuen Angeboten zu locken; ⇨ *Abb.*

Platte Werbung

Froschkönig, [mask., –s] die Frage, ob sie einen Frosch zu sich ins Bett gelassen habe, trieb der Königstochter die Kröte ins Gesicht; ⇨ Golf.

Frühlingsrolle, [fem., –, –n] der diesjährige Mai wurde seiner Frühlingsrolle nicht gerecht; ⇨ herbst.

Frustschutzmittel, [neutr., –s, –] *eindeutschend für* Psychopharmakon; ⇨ Sigmund Freud.

Füller, [mask., –s, –] dieser Eintrag ist z.B. einer; ⇨ Querverwaise.

Füllfederhalter, [mask., –s, –] das Halten von Füllfedern erfordert großes Verantwortungsgefühl; so muss der Halter z.B. immer dafür sorgen, dass genügend Tinte in den Fässern vorhanden ist. Für diese schwere Arbeit werden meist Kulis aus dem asiatischen Raum – und nicht auszubildende Stifte (⇨ Bleistift) – eingesetzt, weil jene nicht erst zur Arbeit angespitzt werden müssen.

Fundbüro, [neutr., –s, –s] *Kunde:* »He, dü, sag mal, hast dü meine Brieftasche gefunden?« *Schalterbeamter:* »Na, hören Sie mal, seit wann sind wir denn perdu?«

Funktelefon, [neutr., –s, –e] ich wollte dich schon immer mal anrufen, aber mein Funktelefon ist schnurlos verschwunden; ⇨ Hendiadyoin.

fürbass [Adv.] *Gegenteil von* contrabass; ⇨ Bassismus.

Furz, [mask., –es, Fürze] a) *derb für* analer Frikativ; b) ein hinternationales Problem.

Fuß, [mask., –es, Füße] zeher Körperteil; ⇨ Finger.

Fußballer, [mask., –s, –] legen schon gleich zu Spielbeginn ein anstößiges Verhalten an den Tag; ⇨ Schiedsrichter.

Fußballerleica, [fem., –, –s, deutsch-russ.] Arbeitsgerät für Sportfotografen; ⇨ Camera.

Fußbekleidung, [fem., –, –en] irgendwann einmal kam ein Urmensch auf die ⇨ Idee, sich wegen der Schmerzen beim Herumlatschen Fußlappen umzubinden. Ein Beispiel, das ⇨ Schuhe machte.

G

G7-Gipfel, [mask., –s, –] jährliches Treffen der Dominant-sept-Akkord-Arbeiter und der ⇨ Roggen-Roller. Die ganze Pro-C-Dur ist meistens nach zwölf Takten zu Ende; ⇨ Musik.

Gabel, Clark, * Cadiz (Ohio) 1. Feb. 1901, † Hollywood 16. Nov. 1960, Ehemann von Heidi, Erfinder des ⇨ Geschwindigkeitsmessers, aber auch Karten konnte Gabel zinken; ⇨ *Abb.*

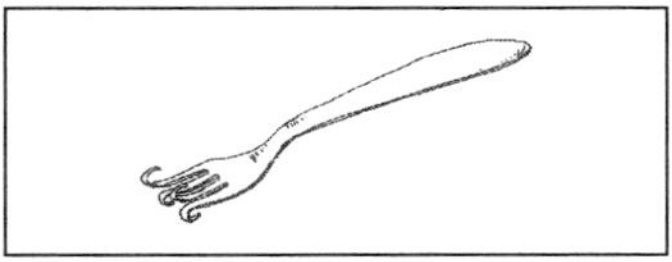

Unpraktigabel

Gam-Bit, [neutr., –s, –s, span.-arab.-engl.] Informationseinheit beim Schachcomputer; ⇨ Schach.

Gangart, [fem., –, –en] a) man unterscheidet hier zum einen zwischen dem ersten und dem zweiten, zum anderen zwischen dem dritten und dem vierten Gang, nicht zu vergessen ist der sogenannte Rückwärtsgang, ⇨ Getriebe; b) [engl.] Kunst von Sprayerbanden.

Gans, [fem., –, Gänse] »Lieber Ente und roh als Gans und gar.« (*Geflügeltes Wort*); ⇨ Ambi-Ente.

Garten, [mask., –s, Gärten] die Pflege eines Gartens bringt einen zum ⇨ Rasen und offenbart Frustrationen, die schon lange in einem gärten: Man kann nur hoffen, dass abgegammelte Latten vom Zaun (⇨ Grenzzaun) nicht den Nachbarn veranlassen, einen Streit vom selbigen zu brechen, und beeten (⇨ *Abb.*), dass überhaupt irgendetwas wächst und dass nicht irgendwelche Strauchdiebe einem die Ernte ⇨ clown.

Gehbeet

Gartenhaus, [neutr., –es, –häuser] ob man sich eins baut, ist eine reine Laubensfrage. Es sei denn, jemand hat einen besseren Verschlag zu machen; ⇨ Hauskauf.

Gärungssäge, [fem., –, –n] wichtiges Werkzeug der Bierbrauer; ⇨ Reinheitsgebot.

gasförmig, [Adj.] über-flüssig.

Gasthörer, [mask., –s, –] Teil des Besuchertelefons; ⇨ Weisenhaus.

Gaszähler, [mask., –s, –] diese Leute haben wirklich keinen leichten Job, da Gas gemeinhin als unzählbar gilt; ⇨ Wasser- und Stromleitung.

Gazelle, [fem., –, –n, arab.-ital.] Gazellen stellen den Löwenanteil (⇨ Kuhantilope) unter den Steppentieren; ⇨ Steppdecke.

Stilles Plätzchen

Gebäck, [neutr., –s] »Kuch mal, hier hab ich noch'n stilles Plätzchen (⇨ *Abb.*) für mich und meine Torte gefunden.« – »Du gehst mir auf'n Keks!« ⇨ Backtrieb.

Gebäckträger, [mask., –s, –] a) Konditor-Gehilfe; b) ⇨ *Abb.*

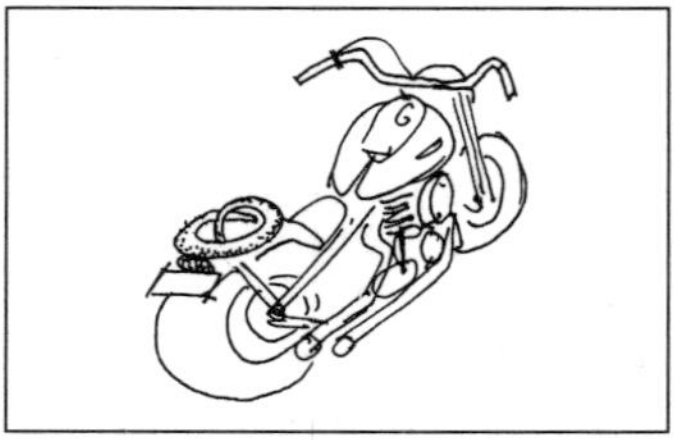

Gebäckträger

Gebirgskamm

Gebirgskamm, [mask., –s, –kämme] wichtiges Utensil zur Körperpflege vor einem Gipfeltreffen (⇨ *Abb.*). Oft finden diese Treffen in unterkühlter Atmosphäre statt. Schuld an der niedrigen Temperatur ist die sogenannte ⇨ Gradwanderung.

Geboyde, [neutr., –s, –, dt.-engl.] mit Girlanden geschmücktes Haus.

Gebrauchtwagenhändler, [mask., –s, –] haben ein gesundes Schrottvertrauen; ⇨ Autogram.

Geburtenrückgang, [mask., –s, –gänge] a) ist dafür verantwortlich, dass in Schulen die Klassen lehrer werden. b) immer mehr Neugeborene wählen den Weg zurück, weil es ihnen hier auf der ⇨ Welt nicht passt.

Geburtstag, [mask., –s, –e] schon bei den ⇨ Römern eine völlig überschätzte Feierlichkeit: Wenn sie z.B. dreißig wurden, machten sie drei Kreuze; ⇨ Jubiläum.

Geest, [fem., –] in sandalumwitterten Monumentalstreifen wie »Quo vadis?« (*wörtlich:* Wohin *geest* du?) verewigter ⇨ Landstrich.

Gefängnisaufenthalt, [mask., –s, –e] auch interessant für den Pauschalurlauber: ⇨ Hier ist alles eingeschlossen; ⇨ Bauklotz.

Gefängnisverhütung, [fem., –, –en] eine Art der Sozialarbeit.

Geheimnisse, [fem, –, –n] verstecktes Ei der Laus; ⇨ Eider.

gehessig, [Adj.] auch der Unterfranke kann gehessig sein, ohne dass er es jemals bayreuth: »Erst jagen wir das Schwein (⇨ Fäkalsprache) vom Hof furt und lassen es Amberg Weiden (es muss ihn nur Erlangen), aber es Fürth zu nichts.« ⇨ Miederbayern.

Gehheimrat, [mask., –s] gut gemeinter ⇨ Tipp, jetzt doch besser nach Hause zu gehen.

Geißeltierchen, [neutr., –s, –] beeindrucken mit ihren zoologischen Gerten; ⇨ Zoo.

Geist, [mask., –es, –er] oft willig (⇨ Brandt-Stiftung), aber fleischt manchmal etwas schwach; ⇨ Vegetarier.

Gelbe Tonne, [fem., –, –n] a) darüber sind sich die Geleerten noch nicht einig; ⇨ Müllexport; b) ⇨ *Abb.*

Gelbe Tonne

Geld, [neutr., –es] a) einer der wenigen Fälle, wo Sein und Schein zusammenfallen – durch die Bank (⇨ Deutsche Bank™). Oder, um es mal in eine Devise umzumünzen: Geldumtausch sollte immer bei seriösen Instituten erfolgen, bei einem Wildwechsel erlebt man häufig eine börse Überraschung; b) »Komm, wir geben unser ganzes Geld aus.« – »Das könnte dir so prassen!« ⇨ Konto.

Geldautomat, [mask., –en, –en] eine defekte Kreditkarte zahlt sich nicht aus; ⇨ Automaten.

Geldfälscher, [mask., –s, –] Geldfälschern blüht eine Strafe, auch wenn sie sich – wie z.B. Port Monet – als Künstler ausgeben; ⇨ Maler.

gelupft, [Part. Perf.] *gehoben für* gehoben.

Gen-Boy, [mask., –s, –s, eingetr. Wz., griech.-engl.] *salopp für* Samenspender.

Generalamnesie, [fem., –, –n, griech.-lat.] a) ⇨ Alzheimer bei höhergestellten Soldaten; b) [eingetr. Wz.] wenn die ⇨ Haushälterin vergessen hat, welchen Haushaltsreiniger sie einkaufen soll.

Genitiv, [mask., –s, –e, lat.] im zweiten Falle der Fall eines Falles (⇨ Präposition), *Komparativ:* Geh nie tiefer!

Gen-Technologie, [fem., –, griech.] a) nach der genetischen Verdopplung von Schafen etc. ist es in Kanada gelungen, sogar einen ganzen Fluss (River Dike) zu duplizieren. Das Ergebnis ist der absolut identische Klondike; ⇨ X-Chromosom; b) »Wie gen wir jetzt nach Hause?«

Gepäck, [neutr., –s] unser ⇨ Tipp: Nur nicht aufgeben!

Gerichtsvollzieher, [mask., –s, –] *sinnbildlich* für ⇨ Koch.

Geschoss, [neutr., –es, –e] Projektile unterschiedlichster Bauart. Als etwas verstockte Kriegslist gilt es, zunächst ein Geschoss aus Mutterboden (sog. Erdgeschoss) zu verwenden und erst nach dem zweiten oder dritten Geschoss dem Feind mit einem Dachgeschoss auf die Bude zu rücken; ⇨ Tortenboden.

Geschwindigkeitsmesser, [neutr., –s, –] beliebtes Tötungsinstrument bei schneidigen Schnell-Killern, die dann aber auch die Suppe wieder auslöffeln müssen (*Supp-Kultur*); ⇨ Gabel.

Gesichtsvollzieher, [mask., –s, –] *scherzhaft für* Schönheitschirurg; ⇨ Straffgesetzbuch.

gessen, [trans. Vb.] *Gegenteil von* vergessen, ⇨ Vergissmeinnicht.

Gestüt, [neutr., –s, –e] Stuten backt der ⇨ Bäcker meistens mit Rosinen, Buttermilch und Mandeln, man kann sie aber auch mit anderen Sachen Füllen; ⇨ Pferd.

Getriebe, [neutr., –s, –] hier geht alles seinen Gang; ⇨ Gangart.

Gettorf, [neutr., –s] die Durchsage dieser Bahnstation bei ⇨ Kiel veranlasst immer wieder unsere englischsprachigen Gäste, den ⇨ Zug zu verlassen.

Gewähr, [neutr., –es, –e] spezielle Handfeuerwaffe, die z.B. bei der Ziehung der Lottozahlen eingesetzt wird; ⇨ Lotto-Motor.

Gewebeaufsichtsamt, [neutr., –s, –ämter] schritt z.B. ein, als sich Musselini wieder einmal durch Spitze Bemerkungen von der Seide angemacht fühlte; ⇨ Saumzeug.

gewinnen, [trans. Vb.] »⇨ Watt? Woher kommst du? Aus dem Hauke-Haien-Koog? Sieh zu, dass du Land gewinnst!« ⇨ Wattenmeer.

Giropraktiker, [mask., –, –, griech.-lat.-ital.] Bankangestellter; ⇨ Deutsche Bank™.

Glatzenbildung, [fem., –, –en] a) bei Hang zur Kahlköpfigkeit braucht man sich keine grauen Haare wachsen zu lassen, ⇨ *Abb.* b) bestimmte Frisuren sind hierbei von vornherein zum Scheiteln verurteilt; ⇨ Frisör.

H-Ausfall

Gleitcreme, [fem., –, –s, deutsch-lat.-franz.] *derb für* Verkehrsmittel; ⇨ Verkehrsbehinderung.

Gleur, John, * Ballwitz 17.0.94, gaukelt uns etwas vor.

Glöckner, [mask., –s, –] sind meist sehr läutselige ⇨ Läute; Läutspruch: Gut Ding-Dong will Weile haben. Übrigens hat der Glöckner von Notre Dame aus ⇨ Paris bei der letzten Buckel-Wahl Platz eins belegt.

Gluckauf! [Interj.] Schlachtruf der Hühnerzüchter; ⇨ Schluckauf.

Glucke, [fem., –, –n] Kükeninstrument. Wenn die Mutter in der Küke das Essen fertig hat, schlägt sie die Glucke – wenn man Gluck hat; ⇨ Fiete Schiller.

Glücksspirale, [fem., –, –n, deutsch-griech.-lat.] Verhütungsmittel mit hohem Risikofucktor; ⇨ Paris.

GmbH, [fem., –, –s] Gesellschaftsform, für Haftcreme-Hersteller aber völlig ungeeignet; ⇨ Zahnpastor.

Goethe, Johann Wolfgang, * Frankfurt/M. 28. Aug. 1749, † Weimar 22. März 1832, schillernde Figur (⇨ Fiete Schiller) mit einem nicht vernachlessingbaren Einfluss auf die deutsche Literaturgeschichte (⇨ Dichter). Kurz vor seinem Tod befragt, ob ihm noch irgendetwas einfalle, soll er gesagt haben: »Mehr nicht.« Diese Bemerkung passte natürlich wie der Faust aufs Auge. Woher wir das alles so genau wissen? Eckermann macht's möglich! ⇨ Despoetismus.

Gogik, Peter, * Lehr (Ostfriesland) 31. Nov. 1951, Begründer der Leere über die Daktik; ⇨ Fremdsprachenunterricht.

Gold, [neutr., –es] a) es ist nicht alles Gold, was glänzt – aber das wisst ihr ja wohl ⇨ silber. b) Gold zu besitzen ist für viele der Zinn des Lebens; ⇨ Zinnober.

Goldbarren, [mask., –s, –] olympisches Sportgerät; ⇨ Olympische Spüle.

Goldfisch, [mask., –es, –e] der Goldfisch hat besonders scheune Schuppen; ⇨ Profi-Lachse.

Goldmine, [fem., –, –n] hier herrscht rostloses Treiben; ⇨ Erzgewinnung.

Golf, [mask., –s, –s, eingetr. Wz.] grimmige Figur in »Radkäppchen und der böse Golf™«; ⇨ *Abb.*

Gonokoggen, [Plur.] spezielle Hanseschiffe für ⇨ Day Tripper.

Gradwanderung, [fem., –, –en] Spaziergang zur Ermittlung der gefühlten Temperatur (»Wie kalt ist dir jetzt?« – »Mir ist grad ziemlich kalt.«); ⇨ Wetterumschlag.

Graf, [mask., –en, –en] oft gräflich vernachlässigter Adelstitel, z.B. im bildlichen Bereich Foto-Graf, im Erdkundlichen Geo-Graf, im Italienischen Graf Itti oder im Französischen Accent-Gràf; ⇨ Chronograf.

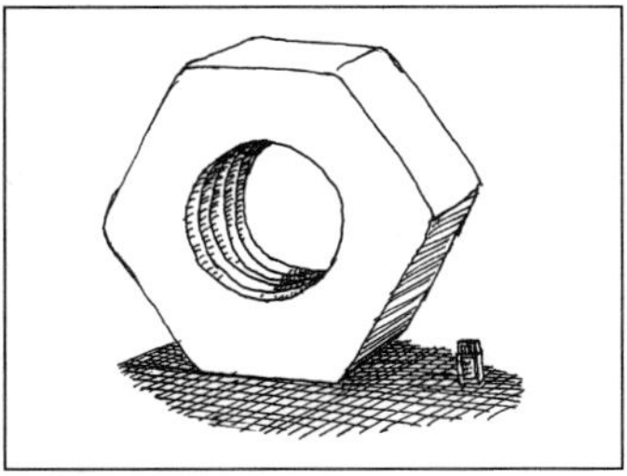

Die Großmutter von Radkäppchen (Größenvergleich: rechts eine Streichholzschachtel)

Graphie, Otto und Kalli, Gebrüder. Während Otto (* Wortswede 27.7.26) schon in früher Kindheit (beide wuchsen am Wörtersee auf) sich eher für das Wie interessierte und als der eigentliche Begründer der ⇨ Rechtschreibung gilt, hing Kalli (* Witzwort 25.8.89) als Schöngeist schon damals mit komischen Typen herum, designen Schreibübungen skeptisch gegenüberstanden. Kalli jobbte zunächst in einer Schönfärberei. Nach einer unfruchtbaren Liaison mit ⇨ Conny Lingus, die stets mehr am Mündlichen interessiert war, fand Kalli endlich eine Arbeit im Stab eines Buchverlags; ⇨ Buchstab.

Gravitationsgesetz, [neutr., –es, –e, lat.-deutsch] heute etwas seltsam annewtonde Vorschrift aus dem ⇨ England des 18. Jahrhunderts, die Schwerkraftverbrechen (z.B. Missachtung des Lotrechts) Einhalt gebieten sollte; ⇨ Waagerecht.

Grenzzaun, [mask., –s, –zäune] Konsensstreifen zwischen zwei ⇨ Gärten.

Gretel, [fem., –] sollte man wegen ihres Vornamens nicht hänseln; ⇨ Froschkönig.

guflott, [Adj.] *Gegenteil von* gulasch.

Gulaschnikow, [fem., –, –s, ungar.-russ.] russische Gulaschkanone; ⇨ *Abb.*

Gulaschnikow

Gummiparagraph, [mask., –en, –en, griech.-lat.] Verhütungsvorschrift. Das ist aber auf die Dauer auch keine Gummilösung; ⇨ Schutzgebühr.

Gummistiefel, [mask., –s, –, griech.-lat.-deutsch] »Wie findest du denn meine neuen Gummistiefel aus Wellington in Neuseeland?« – »Ein bisschen weit hergeholt.« ⇨ Schuh.

Gürtelrose, [fem., –, –n, deutsch-lateinisch] wird im Schnallverfahren bekämpft; ⇨ Hautkrankheit.

Gürteltier, [neutr., –s, –e] fast alle männlichen Exemplare haben eine Schnalle; ⇨ *Abb.*

Gürteltier

Guten tag! [Interj., deutsch-engl.] Begrüßung unter Graffiti-Sprayern; ⇨ Spreedose.

Güterbahnhof, [mask., –s, –höfe] ausschließlich für Großgrundbesitzer, folglich gibt es hier auch keine unbeschränkten Bahnübergänge; ⇨ Winzer.

Gynäkologe, [mask., –en, –en, griech.] ⇨ Spezialist, der auch mal Abstriche machen muss (»Man muss beischeiden bleiben.«); ⇨ Urologe.

H

Haargel, [mask., –s, deutsch-lat.-ital.-franz.] zwischen Himmel und Erde gibt es einen schauerlichen Austausch: Wasser verdunstet und fällt dann wieder herab, egal, ob es nun regnet, haargelt oder schneit. Das Ganze funktioniert wie eine große Umweltspumpe; ⇨ El Niño.

Hacke, [fem., –, –n] »It's a hoe!« (Engländer beim Anblick einer Hacke in Bad Bramstedt); ⇨ Schleswig-Ytong™.

Hackfleisch, [neutr., –es] lässt sich ganz leicht durch Zerbröseln von Frikadellen selbst herstellen; ⇨ Pilzsuppe.

Hackordnung, [fem., –, –en] gesetzliche Bestimmung für den Verkauf von ⇨ Hackfleisch.

Hafer, [mask., –s] besitzt die seltene Garbe, Schleimigkeit mit Standesdinkel zu verbinden; ⇨ Weizen.

Haftnotizen, [Plur.] Tagebuch-Eintragungen eines Insassen während eines ⇨ Gefängnisaufenthalts.

Halbleiter, [fem., –, –n] Klettergerät für Idioden. ⇨ *Abb.*

Halbleiter

Halligenschein, [mask., –s, –e] Himmelserscheinung im ⇨ Wattenmeer.

Halma, [neutr., –s] »Halma an, da ist 'ne schöne Mühle!« – »Du redest ja nicht gerade daher wie eine Dame.« – »⇨ Mensch, ärgere dich doch nicht gleich so.« ⇨ Schach.

Halluzionogen, [neutr., –s, –e, griech.-lat.] israelische Droge.

Hamburg, [neutr., –s] die ham gar keine Burg. Außerdem: Immer nur Hamburger – das ist auch nicht das Elbe vom ⇨ Ei; ⇨ Cheeseburger.

Hamlet, [mask., –s] *Hamlet* (unsicher, ob sein Diener Toby an der Tür ist): »Toby, or not Toby?« ⇨ Shakespeare.

Hammerfest, [neutr., –s] skandinavische Version von unserem Niet- und Nagelfest.

Hammerfest

Handfeuerwaffel, [fem., –, –n] herzhaft gewürztes Gebäck im Straßenverkauf; ⇨ Gebäckträger.

Handschellen, [Plur.] Abführmittel; ⇨ Fesselballon.

Hanne-Lore, [fem., –, –n] offener Eisenbahngüterwagen in einem Kohlbergwerk; ⇨ Helmut.

Hanse, [eingetr. Wz.] *Plural von* Hans; ⇨ Gonokoggen.

harnisch, [Adj.] *gehoben für* pissig; ⇨ Klo.

Haschmich! [Interj.] Werbeslogan in der Drogen-Branche; ⇨ Kiffhäuser.

Haschpapi, [mask., –s, –s] ständig bedröhnter Vater. Wenn es an der Tür klopft, heißt es oft nur lapidar: »⇨ Heroin, wenn's kein Schneider ist!«

Hase, [mask., –n, –n] so beschrieb schon ein Seher (⇨ Prophet) den Lauf der Dinge recht blumig: Wer keine Haken schlägt, muss seinen Löffel abgeben; ⇨ Myxomatose.

Hau! [Interj.] Indianisches Schlagwort; ⇨ Karl May.

Hausaufgabe, [fem., –, –n] endgültiges Verlassen einer Wohnung; ⇨ Pechter.

Haushälterin
(angestellt)

Haushälterin, [fem., –, –nen] Haushälterinnen gelten als putzige Abstauber – nicht zum Haushalten! ⇨ *Abb.*

Hauskauf, [mask., –s, –käufe] ein guter Hausrat: Beim Hauskauf sollte man nicht unbedacht (⇨ überdacht) sein, denn es gibt viele unreetliche ⇨ Makler; ⇨ Reetdach.

Hausnummer, [fem., –, –n] a) ⇨ Sex in der Wohnung; ⇨ Heimzahlen; b) ⇨ *Abb.*

Nummer schieben

Hautkrankheit, [fem., –, –en] Hautkrankheiten haben in den letzten Jahren ekzem zugenommen; ⇨ Gürtelrose.

Havelland, [neutr., –s] *anderer Name für* ⇨ Tschechien.

Heavy-Metal-Competition, [fem., –, –s, engl.] es gibt keinen lauteren Wettbewerb: »Nicht für die Schule, sondern für das Leben lärmen wir.« ⇨ Zinnober.

Hebammer, [fem., –, –n] komischer Vogel, der sich Hals über Kopf in eine Steißlage bringt und sich dabei seltsam gebärt – zum Kreißen komisch; ⇨ Kreißverkehr.

Hebel, [mask., –s, –] aufwärts zu bedienender Schalter, *Gegenteil:* Senkel; ⇨ *Abb.*

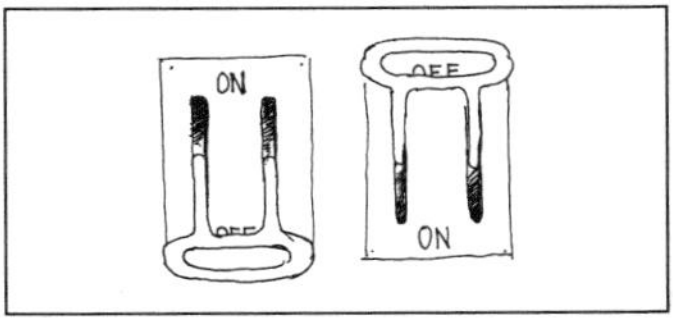

Hebel und Senkel (v.l.n.r.)

Heck-Tick, [mask., –s, –s] übertriebener Spoilerfetischismus, z.B. bei ⇨ Manta-Fahrern; ⇨ Abschleppwagen.

Heckenschütze, [mask., –n, –n] rain gar nichts für Leute mit Knick in der Linse.

Heer, [neutr., –es, –e] Militär-Musical; ⇨ Soldatenvereidigung.

Heimzahlen, [Plur.] so etwas wie ⇨ Hausnummern; ⇨ *Abb.*

Hausnummer

Heinrich VII., * Pembroke Castle 28. Jan. 1457, † Richmond 21. April 1509, alle nahmen gemischten ⇨ Sand, nur Heinrich, der siebte.

Heiratsmarkt, [mask., –es] viele trauen sich heute nicht mehr; ⇨ Parksünder.

Heißhunger, [mask., –s] Verlangen nach allem, was so heißt, wie es gekocht wird, z.B. Ölsabinen oder Utenbrust; ⇨ Kochplatte.

Helmut, * Ludwigshafen 3. April 1930, von 1982 bis 1998 der führende Kohlkopf der Nation – das muss man sich mal zu Gemüse (⇨ Automaten) führen. Anders ausgedrückt: Er hatte wirklich eine lange Leitung; ⇨ Wolfgang Schräuble.

Hendiadyoin, [neutr., –s, griech.] a) Red und antwort; ⇨ Redundanz; b) pleonastische Tautologie, bzw. tautologischer Pleonasmus, wie z.B. schnurloses Hendi; ⇨ Funktelefon.

Henker, [mask., –s, –] bei ihm braucht man keine Axt zu haben; ⇨ Richter.

Heraldiker, [mask., –s, –, griech.-franz.] ist für alles gewappnet, außerdem fällt es auch nicht weiter auf, wenn sie mal eine Fahne haben; ⇨ Harald Duhnke.

herbst, [Adj.] dieser Frühlink enttäuschte uns herbst; ⇨ Frühlingsrolle.

Heroin, [neutr., –s, griech.] bringt u.a. Opi um; ⇨ Drückeberger.

Heros, [mask., –, Heroen, griech.] jemand, der held, was er verspricht.

Hertha BSE, [eingetr. Wz.] ein gutes Beispiel für Fußballwahnsinn (sog. Pedophilie), meist ausgelöst durch den HSV-Virus; ⇨ Ball.

Herum, Sepp, * Schaltwarte 06.8.62, Erfinder der Fernbedienung für Fernseher; ⇨ Sendeschluss.

Heuschnupfen

Heuschnupfen, [mask., –s] a) ⇨ Menschen mit Heuschnupfen können den Sommer gar nicht richtig geniesen; b) ⇨ *Abb.*

Hexerei, [fem., –, –en] hier wird Gutes mit Besen vergolten.

hier, [Adv.] Szene auf einer Party: »Ich kenne gar keinen, die kommen wohl alle nicht von hier.« – »Kann nicht sein. Ich komme auch nicht von hier, und ich kenne auch keinen.« ⇨ Leber-Party.

Hightabu

Hightabu, [neutr., –s, –s, engl.-polynes.] absolutes Drogenverbot im nördlichsten Bundesland (⇨ *Abb.*), wurde schleswig und endlich dann doch von Highde Simonis etwas gelockert; ⇨ Haschmich!

Himalaja, [mask., –s] Gipfeltreffen; ⇨ *Abb.*

Himalanein, [mask., –s] *Gegenteil von* ⇨ Himalaja.

Himmelsrichtung, [fem., –, –en] da gibt es Norden, Westen, ⇨ Süden und ferner Osten; ⇨ Nord-Süd-Konflikt.

hinum [Adv.] dieses ⇨ Wort fehlt leider in der ⇨ deutschen Sprache. Man kann z.B. eine Treppe *hin*unter gehen oder *her*unter kommen, aber nur um eine Ecke *her*um kommen und nicht *hin*um gehen.

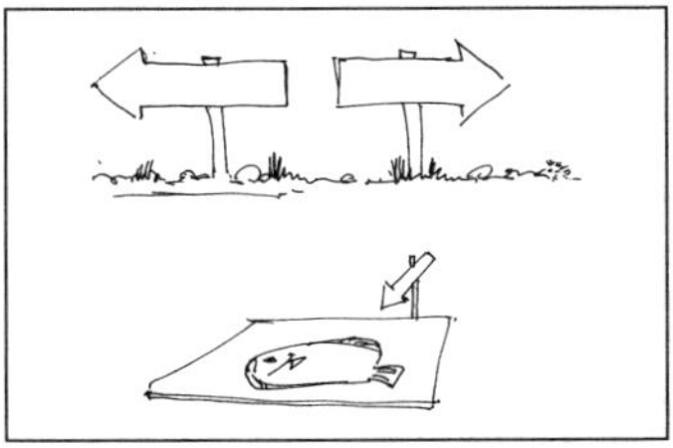

Hin-, Weg-, und Buttweiser

Hinweiser, [mask., –s, –] *Gegenteil von* Wegweiser (⇨ *Abb.*); ⇨ Grethe Weiser.

Hinz, * Hansfelde 17.3.35, † Franzfelde 17.3.09, galt als hervorragender Kunzkenner.

Gipfeltreffen

Hitler, * Braunau 20. April 1889, † Berlin 30. April 1945, ging etwas überhitst davon aus, dass seine liederlichen Songs (»Tyrann Tyr mit Eva«) Ervolk haben könnten, erst massiver Einsatz von Schlagertrupps brachte ihn auf Nummer eins – dennoch blieb der versprochene Heil-Erfolg aus. Mit solchen Leuten ist eben kein Staat zu machen. Wie sagte doch schon der Ostpreuße: Lieber 'nen Vierer im ⇨ Lotto als in der Politik; ⇨ Braunschweig.

HNO-Arzt, [mask., –es, –ärzte] diese ⇨ Spezialisten müssen aufpassen, dass sie sich nicht zu viele Patienten aufhalsen, die ihnen ständig in den Ohren liegen (⇨ Ohrwurm), aber erfahrene HNO-Ärzte wissen eben, wie die ⇨ Nase läuft. Zur Not heißt es dann: Hals Maul; ⇨ Mund.

Hobby, [neutr., –s, –s, bayr.] »Hoast du a Steckenpferd?« – »Jo mei, des hobby.« ⇨ Miederbayern.

Hochbett, [neutr., –s, –en] hier fallen einige Positionen flach.

Hochspannungsmast, [fem., –] besonders interessante Art der Tieraufzucht; ⇨ Segelschiff.

Hochzeit, [fem., –, –en] ein manchmal eher frackwürdiges Ereignis; ⇨ Scheidung.

Höflichkeit, [fem., –, –en] kann man heutzutage bei den meisten kniggen.

Höhensteuer, [fem., –, –n] Abgabe für Flieger; ⇨ Fluchzeug.

Höhepunkt, [mask., –s, –e] ⇨ *Abb.*

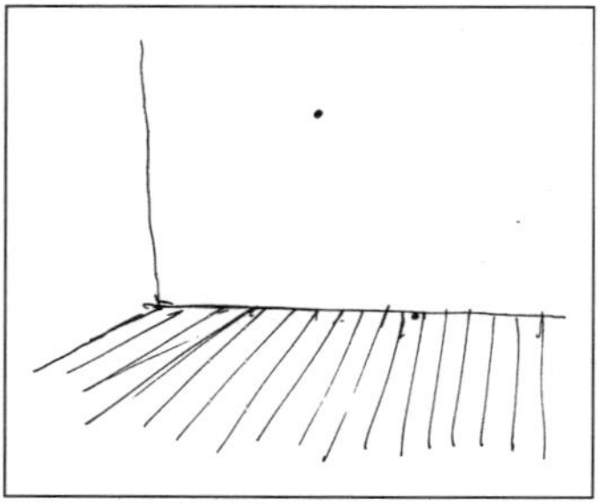

Höhepunkt (o.)

Hohlmaß, [neutr., –es, –e] Dummheitsquotient; Maßeinheit: ⇨ I.Kuh.

Holstein, [mask., –s, –e] in Segebergwerken südlich der ⇨ Eider gewonnenes Mineral; ⇨ Bergwerk.

Holz, [neutr., –es, Hölzer] Baummaterial; ⇨ Eiche.

Holzhammermethode, [fem., –, –n, deutsch-griech.-lat.] damit schlimme Verletzungen vermieden werden: Immer übers Ohr hauen; ⇨ Operation.

Holzschuh, [mask., –es, –e] als Rohmaterial besonders geeignet: Latschenkiefer oder Sandalholz; ⇨ Fußbekleidung.

Home-Banking, [neutr., –, engl.] *scherzhaft für* Sparstrumpf.

Homo, [neutr., –s, eingetr. Wz.] Waschmittel für Megakerls™; ⇨ Perversil™.

hort, [Adj.] »Das Leben ist hort.« (Kindergarten-Weisheit)

Huana, Marie, * Bad Kiffingen 6.8.1968, über sie grassieren heuer viele Gerüchte, ist aber alles shit; ⇨ Haschpapi.

Hubschreiber, [mask., –s, –] *anderer Name für* ⇨ Füllfederhalter.

Hühnergrab, [neutr., –es, –gräber] bei den alten Germanen wurden diese Haustiere unter einem großen Erdhügel beigesetzt, was für die ⇨ Tierliebe dieser Leute spricht; ⇨ Hightabu.

Humohr, [mask., –s] meistens schwarz; ⇨ *Abb.*

Hundegebälk, [neutr., –s] Teil der Dachkonstruktion einer Hundehütte; ⇨ Dezibell.

Hundert, Andi, * Greisenach 29. Feb. 1903(?), schweigt sich über sein genaues, aber offensichtlich sehr hohes Alter aus; ⇨ Uhrgroßvater.

Hunsrück, [mask., –s] *Patient:* »Herr Doktor, seit ich diesen Taunus fahre … « *Arzt:* »Ja? Fahren Sie Ford!« *Patient:* »… ist mein Rücken total verhunst.«

Hup-Raum, [mask., –s, –räume] Straßen und Autobahnen, besonders zu nachtschlafener Zeit; ⇨ Getriebe.

Schwarzer Humohr

Hut, [fem., –] vor verkappten Mützen ist man trotz ihres fezigen Outfilz besser auf dem Hut, allerdings gilt auch hier: Überhut tut selten gut. Einerseits sollte man nicht alles für ⇨ bare Mütze nehmen, andererseits kann man das Angenehme mit dem Mützlichen verbinden.

Hydrakultur, [fem., –, –en, griech.] Schlangenverehrung.

Hydrant, [mask., –en, –en, griech.] Vertreter der ⇨ Hydrakultur.

Hypochonder, [mask., –s, –, griech.-lateinisch-französisch] um den Gesundheitszustand dieser ⇨ Menschen kranken sich immer viele Gerüchte.

Hypotheke, [fem., –, –n, griechisch-lateinisch] *scherzhaft für* belastbaren Banktresen; ⇨ Schotterfläche.

I

I.D., [fem., –, –n, griech.-lat.-engl.] »Wo ist denn mein ⇨ Pass?« – »Ich habe keine I.D.«

Idee-Aal, [mask., –s, –e, griech.-lat.-franz.-deutsch] einfallsreicher ⇨ Fisch – das finden wir vorbildlich.

Iden, [Plur., lat.] »He, Brutus, was machst ⇨ du im März?« – »Ich hab noch keine Iden.« ⇨ Römer.

Iefschlag, Herbert, * Bocksee 17.2.19, schlägt Leuten auf den Magen.

Ieren, Edith, * Dattenberg 5.35.47, wurde als Kind auf der Straße von Daten erfasst – so ein Erlebnis mit Daten muss erst mal verarbeitet werden.

I.Kuh, [mask., –s, –s] Intelligenzquotient bei ⇨ Rindern, liegt meistens aber stierisch niedrig, aber nicht jeder ⇨ Bulle ist eine dumme Q.

IKEA, [eingetr. Wz.] bei IKEA™ kann man u.a. Betten beziehen.

Imperativ, [mask., –s, –e, lat.] »Lehnt Imperative kategorisch ab!« (Verfasser unbekant). Dazu gehören sinnlose Befehle wie z.B. »Werft!«, »Sing Ular!« oder »Verschiebe Bahnhof!«

Imperialismus, [mask., –, lat.-franz.] was man auch ⇨ planet: Eigene Erd' ist ⇨ Goldes wert; ⇨ Despoetismus.

Inline-Skating, [neutr., –s, engl.] Lauf-Masche.

Inordnung, Alice, * Wonderland, 7. Juli 1977, angelsächsische Positivistin.

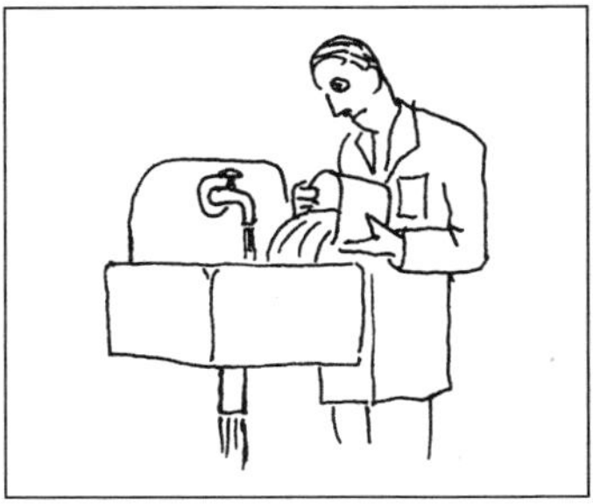

Abflussprüfung
(nicht bestanden)

Installateur, [mask., –s, –e, lat.] Installateur darf man sich erst nennen nach erfolgreich bestandener Abflussprüfung. Und für die Abflussprüfung muss hart drainiert werden, dennoch machen viele unkonzentrierte Prüflinge oft einen leicht abwässernden Eindruck; ⇨ Rohrleger.

Instrumentenbauer, [mask., –s, –] zu seinen Aufgaben gehört neben dem Reparieren von Klavieren und dem Messen von Bässen auch das Bügeln von Flügeln und das Löten von Flöten.

Inter-Esse, [fem., –, lat.-deutsch] internationale Messe für ⇨ Kaminbauer. Man muss eben für neue Entwicklungen ofen sein.

Internaht, [fem., –, –nähte, lat.-dt.] weltweite Schule für textiles Werken, abends wünschen sich alle eine ›Gute Naht‹.

internetional, [Adj., lat.-engl.] im Englischen gibt es jetzt neben male und female auch noch emale.

Interpol, [mask., –s, –e, griech.-lat.] irgendwo zwischen Nordpol und Südpol; ⇨ Himmelsrichtung.

Interprol, [fem., –, griech.-lat.] weltweite Vereinigung von Hängertypen; ⇨ zusammenrotten.

Intertextualität, [fem., –, –en, lat.] ⇨ Sieden.

Ion, [neutr., –s, –en, griech.-engl.] Ionen machen normalerweise einen sehr gelösten Eindruck, aber – und das kann man positiv oder negativ beurteilen – zu ihren Partys kommen ausschließlich geladene Gäste.

ISDN, [neutr., –, engl.] was genau isdn das eigentlich?

Isierung, Urban, * Heimhausenburg 31. Juni 1926, städter Tropfen höhlt den Stein.

Isomathe, [fem., –, griech.-lat.] Fachrechnen für Isolierer.

J

J [neutr., –s, –s] ⇨ WD.

Jack the Ripper, [mask., –s, engl.] seine Devise: Ruhe ist die erste Würgerpflicht. Bekannt wurde er u.a. durch das philosophische Werk »Am Anfang war der Mord« und durch sein Kochbuch »Das Schweigen der Schlemmer«; ⇨ Maud Undtotschlag.

Jahn, * Lanz 11. Aug. 1778, † Freyburg 15. Okt. 1852, Saturnvater, höchster Gott der ⇨ Römer.

Jahreswechsel, [mask., –s, –] Schuldschein mit zwölfmonatiger Laufzeit; ⇨ Wechseljahre.

Jam-Bus, [mask., –ses, –e, griech.-lat.-engl.] Musiker-Fahrzeug; ⇨ G7-Gipfel.

Jesus, * Bethlehem 24. Dez. 0, † Jerusalem Karfreitag 34, der erste Manna-Fahrer (sog. Mehrtürer, ⇨ *Abb.*), wurde aber mit seinen zwölf Anhängern ziemlich schnell aus dem Verkehr gezogen. Ansonsten galt er als sehr gesellig (»Kommt doch heute Abend mahl vorbei!«). Das Ganze übrigens eine Geschichte, von der die ⇨ Kirche noch heute prophetiert; ⇨ Christus.

Mehrtürer

Job-Schering, [neutr., –s, engl.-deutsch] besonders bei ⇨ Frisören beliebte Art der Teilzeitarbeit; ⇨ Glatzenbildung.

Jockey, [mask., –s, –s, engl.] Jockeys können einem viel vom ⇨ Pferd erzählen.

Joint Venture, [neutr., –s, –s, engl.] Zusammenarbeit von ⇨ Haschmittelkonzernen.

Jubiläum, [neutr., –s, –äen, lat.] det passiert alle Jubiliare mal; ⇨ Geburtstag.

Jucker-Palme, [fem., –, –n, deutsch-lat.] reizende Zimmerpflanze.

Junification, [fem., –, –s, lat.-engl.] die German Junification fand im Oktober statt, die russische Oktoberrevolution im November – da fragt man sich doch: Was soll das? ⇨ Mauerfall.

K

Kackao, [mask., –, mexik.-span.] ⇨ Fäkalsprache.

Kackophonie, [fem., –, –n, griech.] *derb für* Mistklang (⇨ *Abb.*); ⇨ Musik.

Kackophonie

Kadaver, [mask., –s, –, lat.] schreibt man treffenderweise mit zwei Aas; ⇨ AA.

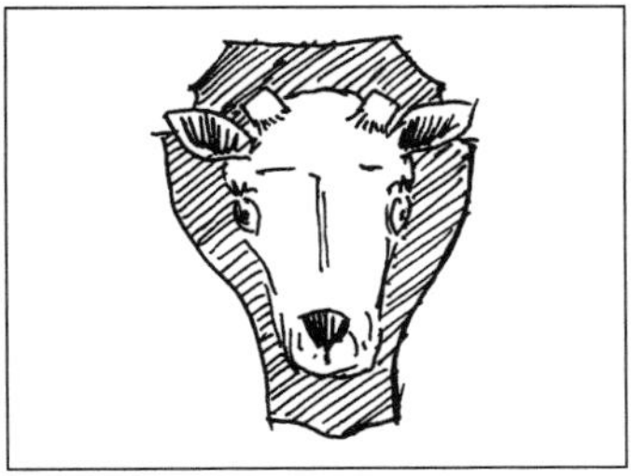

Kahlender

Kaffee, [mask., –s, arab.,-türk.-ital.-franz.] gib dem Kaffee ⇨ Zucker! ⇨ *Abb.*

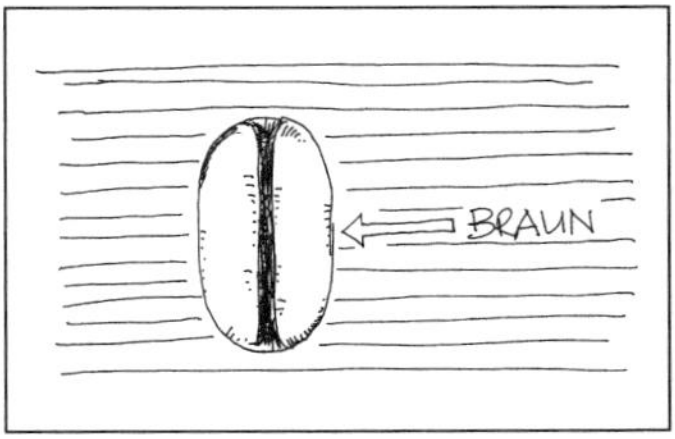

Kaffee (handgemalt)

Kahlender, [mask., –s, –, deutsch-lat.] ehemals flotter Bock, der die Behirschung verloren hat (⇨ *Abb.*), d.h. dass er sich die Hörner abgestoßen hat, und niemand hat sie ihm wieder aufgesetzt. Wehe, man ist solchen Tieren auf Geweih und Verderb ausgeliefert; ⇨ Abschussprüfung.

Kahn, Dschingis, * Deligün boldogh 1155, † Ningxia 1227, Sohn von Vati Kahn (»Was läufst du auch immer mit so'ner Öko-Mähne herum!«), fiel durch sein un*boot*mäßiges Verhalten auf, außerdem galt er als etwas dös*paddel*ig; ⇨ Lo-Tse.

Kalb, [neutr., –s, Kälber] etwa kalb so groß wie eine Kuh; ⇨ Bulle.

Kalter Krieg, [mask., –s, –e] in

dieser Zeit hat man den Block zum Gärtner gemacht.

Kamin, [mask., –s, –e, griech.-lat.] a) Kaminchen sollte man besser nicht essen, man kommt nicht ungeschorn davon; b) Kamine kosten 'ne Menge ⇨ Holz; c) ⇨ *Abb.*

Kaminchen

Kammkorder, [mask., –s, –, deutsch-lat.-engl.] Spezialkamm zur Herstellung von Kordhosen; ⇨ Beinkleid.

Känguru, [mask., –s, –s, engl.] Sektenführer in Australien, bekanntester Vertreter: Skippy, der Buskänguru; ⇨ Backwahn.

Kapernsauce, [fem., –, –n, niederl.-franz.] gehört in der enternationalen Küche zu jedem guten Piraten-Menü; ⇨ *Abb.*

Kapitalist, [mask., –en, –en, lat.-ital.] eigentümlicher Mensch; ⇨ Dagobert Duck.

Kapitalverbrechen, [neutr., –s, –, lat.-ital.-deutsch] Legen von Geldbomben etc.; ⇨ Diebstahl.

Kar-Nickel, [neutr., –s] in Bergmulden zu findendes Metall; ⇨ Pumperkupfer.

Kartenzwerg, [mask., –s, –e] muss sich jeden Hausbau vom Kartenbauamt genehmigen lassen: Mischen impossible; ⇨ *Abb.*

Mischen impossible

Kartoffelpyrenäen, [Plur., lat.-ital.-span.] man soll ja nicht alle Höhenzüge über einen ⇨ Gebirgskamm scheren, aber dieser ist ein Alptraum; ⇨ Pass.

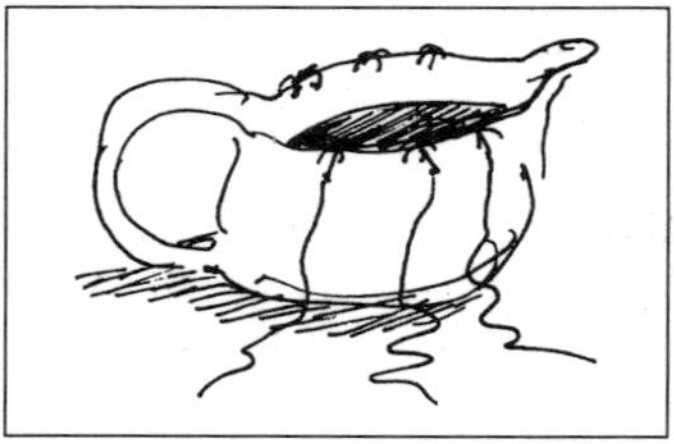

Kapernsauce

Kartograf, [mask., –en, –en, griech.] führt als ⇨ Graf ein Leben à la Karte, vermisst sich jedoch so katasterophal häufig, dass es wohl nicht vermessen ist zu sagen, dass er bei der Arbeit den nötigen Ernst vermessen lässt.

Käscher, [mask., –s, –, engl.-dt.] *eindeutschend für* Geldeintreiber (»Cash as cash can.«); ⇨ Gerichtsvollzieher.

Käse, [mask., –s, lat.] »Ach, ⇨ du willst Käse? Wenn ich das gewurst hätte!« ⇨ Milch.

käsen, [intrans. Vb.] für viele Bergbauern – innerhalb der gegebenen Rahmbedingungen – der Senn des Lebens. Diese ⇨ Philosophie gibt natürlich der Alm Auftrieb.

Kassandra, [fem., –, griech.] rief: »Hört alle malheur!« – unerhört! Als Hellseherin sah sie eben so manches zu schwarz; ⇨ Fernsehen.

Kasse, [fem., –, –n, lat.-ital.] die meisten Dampfboote sind nur gegen ⇨ bar Kasse zu kaufen; ⇨ Fairhafen.

Kastenwagen, [mask., –s, –, lat.-port.-franz.-deutsch] standesgemäßes Auto in Indien, ein gutes Beispiel für Inderwahnsinn. Wie sagt doch auch schon das Sprichwort: Inder und Karren sagen die Wahrheit; ⇨ Delhikatesse.

Kasus, [mask., –, –, lat.] von Fall zu Fall verschieden; ⇨ Präposition.

Kater, [mask., –s, –] wenn man sich zum ⇨ Katzen elend fühlt.

Katze, [fem., –, –n] in Japan sehr beliebt: Kami-Katze (⇨ *Abb.*). Übrigens: Katzen würden Whisky kaufen – so'n ⇨ Kater kann ja auch mal ganz nett sein.

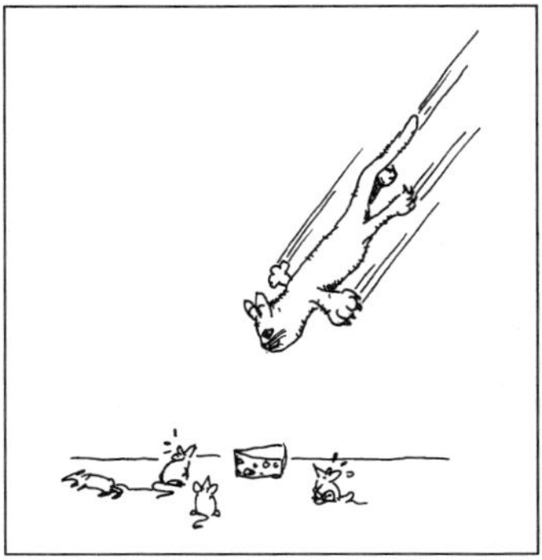

Kami-Katze

Kaufhausdetektiv, [mask., –s, –e, deutsch-lat.-engl.] von Kopf bis ⇨ Fuß auf Diebe eingestellt; ⇨ Beschattungsunternehmer.

Keuschhusten, [mask., –s, lat.-dt.] verlegenes Hüsteln.

Kautabak, [mask., –s, –e, dt.-span.] schmeckt priema; ⇨ Tabak.

KBA, [fem., –; eingetr. Wz.] Kampagne zur Bekämpfung des ⇨ Aküfi.

Kegel, [mask., –s, –] Kegel finden die anderen geometrischen Figuren oft einfach zum Kugeln und würfeln dabei natürlich einiges durcheinander. Ob eines solch abgestumpften Verhaltens also kein Wunder, dass die Kegel von den anderen geschnitten werden. So sind dann auch hyperbolische Beschimpfungen wie z.B. »Irre Parabel« in diesen Kreisen (⇨ Pipi) an der Tagesordnung; ⇨ Dunstkreis.

Kem-Ping, [neutr., –s, –s, engl.-chin.] chinesischer Zeltplatz; ⇨ Chinah.

Kerze, [fem., –, –n] Kerzen sind sehr leucht zu spontanen Aktivitäten zu überreden: Sie gehen gern aus; ⇨ Beleuchtungskörper.

Kiefer-Garnitur, [fem., –, –en, deutsch-franz.] a) ⇨ typische Einrichtung im Zahnarzt-Wartezimmer (⇨ *Abb.*), ⇨ IKEA; b) *scherzhaft für* Gebiss; ⇨ Zahnpastor.

Kiel, [neutr., –s] sprottet jeder Beschreibung, da es immer noch in seiner kanalen Phase steckt. Aber müssen wir das hier zwischen Kiel und Angeln besprechen? Interessiert sowieso kein Kielschwein; ⇨ Schleswig-Ytong™.

Kieler Förde, [fem., –] im Sommer Ausge-Bucht.

Kielometer, [mask., –s, –, deutsch-griech.-franz.] Längenmaß in Schleswig-⇨ Holstein.

Kiefergarnitur

Kiffhäuser, [Plur., eingetr. Wz., arab.-engl.-deutsch] Vertriebskette für Haschmittel. Je nach Abgedrehtheit gibt es die Einteilung in 30°, 60° und 90° (Vollhaschmittel). Im ⇨ Zuge der allgemeinen Technisierung des alltäglichen Lebens erfolgt der Verkauf weitgehend über Haschvollautomaten, die aber nur unzureichend funktionssicher sind. Kein

Wunder also, dass die Leute sich zuweilen total bedrogen fühlen; ⇨ Haschmich!

Kilometergeld, [neutr., –es, –er, griech.-franz.-deutsch] der wahrscheinlich längste Geldschein der Welt; ⇨ Geld.

Kinderlosigkeit, [fem., –] nach neusten Erkenntnissen doch nicht erblich.

Kinderwahnsinn, [mask., –s] Kinder benehmen sich ja nicht alle gleich gut: Sie sind verschieden artig; ⇨ verhüten.

Kipper, [mask., –s, –] *scherzhaft für* Mercedes™ der A-Klasse™; ⇨ Umfallversicherung.

Kirche, [fem., –, –n] mit ihr ist es schon ein Kreuz; ⇨ Papst.

klamm, [Adj.] ist man besser heimlich; ⇨ Konto.

Klauenseuche, [fem., –, –n] epidemische Kleptomanie.

Klavierkonzert, [neutr., –s, –e, lat.-franz.-ital.] hier ist jeder gern gesehen, der einfach das Klavier genießt – und schweigt; ⇨ Musik.

Kleb! [Interj.] Haftbefehl; ⇨ Handschellen.

Kleider machen heute, [eingetr. Wz.] aktuelles Fachblatt für Modemacher, gilt als sehr moderat; ⇨ Gewebeaufsichtsamt.

Klippschule, [fem., –, –n] Lehranstalt an einer Steilküste.

Klo, [neutr., –s, –s, lat.-franz.] a) Klos sind meistens nur ⇨ notdürftig eingerichtet (⇨ *Abb.*); b) Merke: Lieber Klos im Haus als im Hals.

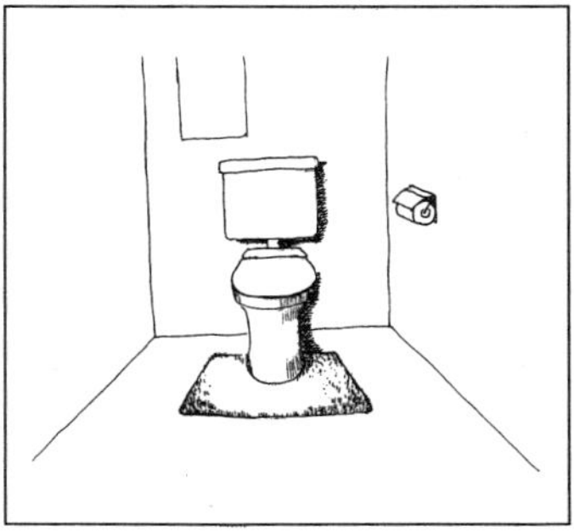

Notdürftige Einrichtung

Klopffestigkeit, [fem., –] Mindestanforderung an die Stabilität bei der Konstruktion von Türen; ⇨ Angelschein.

Knaur, [eingetr. Wz.] auf die Daur hilft nur Knaur™.

Knaustrophobie, [fem., –, –n, österr.-griech.] »I hab mia denkt, i phragma, wie's dia geht.« – »Schon wieder pessar.« ⇨ Kyusaku Ogino.

Knöllchen, [neutr., –s, –] wenn der Wachtmeister zu einem kleinen Schabernack aufgelegt ist, klemmt er uns schon mal kleine Kartoffeln unter den Scheibenwischer; ⇨ Polizistenwärme.

Koch, [mask., –s, Köche] hasenfüßige Köche ergreifen das Paniermehl, wenn sie mal wieder etwas angerichtet haben; ⇨ Gerichtsvollzieher.

Kochplatte, [fem., –, –n] schütteres Haar beim chef de cuisine; ⇨ Glatzenbildung.

Kohlekraftwerk, [neutr., –s, –e] das Zulichtemachen von fossilen Brennstoffen; ⇨ Erzgewinnung.

Kohlepfennig, [mask., –s, –e] irgend jemand muss die Zeche bezahlen. Die Forderung nach Förderung der Förderung erfordert diese Förderung.

Koks, [mask., –es, –e] Verhüttungsmittel; ⇨ Verhüttung.

Köln-Flocken, [Plur.] Schneefall im ⇨ Ruhrgebiet; ⇨ Schneekatastrophe.

Kombi-Nation, [fem., –, –en, lat.] überall Overalls.

Komet, [mask., –en, –en, griech.-lat.] äußerst schweifelhafter Himmelskörper (ständig sternhagelvoll) mit Hang zur Pädekrastie (»Ihr Kinderlein komet … «). Andere Sterne sind ihm völlig schnuppe; ⇨ Austern.

Kommaregel, [fem., –, –n, griech.-lat.-deutsch] wer kennt sich da schon aus? Also fragt man lieber einen ⇨ Spezialisten: »Kommaregel das mal für mich.«

Kommode, [fem., –, –n, franz.] ein etwas beschränktes Möbelstück (⇨ *Abb.*), wie Trine auch schon feststellte. Einer spind eben immer; ⇨ Schrein.

Wickelkommode

kongenital, [Adj., lat.] homosexuell; ⇨ Freddie Mercury.

Koniferenz, [fem., –, –en, lat.] Tagung von Nadelbäumen, die ja übrigens fast nichts anficht. Nur der Bau von Tannhäusern stellt ein Problem dar. Aber wer nicht wagnert, der nicht gewinnt; ⇨ Baum.

Konsalik, Heinz Günther, * Köln

28. Mai 1921, angesichts der Zahl der verkauften Exemplare gilt er als Leserkanone; ⇨ G. Roschen.

konservativ, [Adj., lat.-engl.] am besten nichts Neues; ⇨ CD-Rom.

Konservendose, [fem., –, –n, lateinisch-deutsch] mit der Erfindung der Konservendose war endlich Schluss mit unhaltbaren Zuständen in der Lebensmittel-Industrie; ⇨ Büchsenmacher.

Konsum, [mask., –s, lat.-ital.] immer nur Konsum ist auch nicht das Ware; ⇨ Sommerschlussverkauf.

Kontaktanzeige, [fem., –, –n, lat.-deutsch] *scherzhaft für* Kontrollleuchte; ⇨ *Abb.*

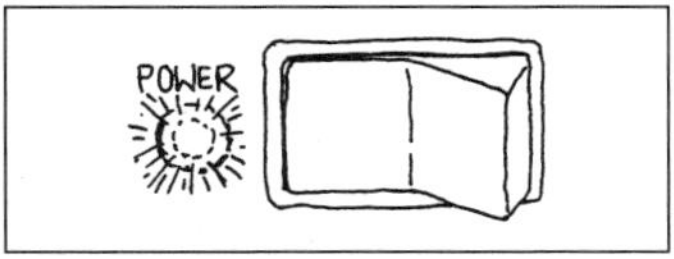

Kontaktanzeige

Kontinentaldrift, [fem., –, –en, lat.-deutsch] nach ver*wegener* Theorie der Grund dafür, dass Flüge in die USA immer teurer werden; ⇨ Rocky Mountains.

Konto, [neutr., –s, Konten, lat.-ital.] denken wir daran, wird uns angst und bank – wie konten wir nur! Dabei wollten wir es doch nur ein bisschen Guthaben; ⇨ Sandbank.

Kontrast, [mask., –s, –e, lat.-ital.] *Gegenteil:* Prost. Ein Kontrastprogramm ist also ein Widerspruch in sich; ⇨ Oxymoron.

Kopflästigkeit, [fem., –, –en] *anderes Wort für* Migräne.

Kopfrechnen, [neutr., –s] die Schulkinder addieren so lange Zahlen, bis ihnen die Köpfe Summen; ⇨ Pädagogik.

Koraus, [mask., –, arab.] *Gegenteil von* Koran; ⇨ Ramadan.

Korn, [neutr., –es, Körner] mal eins zu finden ist noch längst keine Ähre – das gelingt selbst blinden Hühnern; ⇨ Weizen.

kotzen, [intrans. Vb.] bei ⇨ Nacht sind alle, die kotzen, blau; ⇨ Übeltäter.

kreditwürdig, [Adj., lat.-ital.-franz.] »Du nimmst ’n kreditwürdig nicht machen.« ⇨ Konto.

Kreißverkehr, [mask., –s, –e] es ist schon viel über ⇨ Sex während der Schwangerschaft gesagt und geschrieben worden, aber das muss ja wohl nicht sein; ⇨ Hausnummer.

Krepp, [mask., –s, –s, franz.] französ. Essen zum Selberfalten.

Kronleuchter

Kreuzer, [mask., –s, –] Segelschiff von ⇨ Dagobert Duck.

Kreuzworträtsel, [neutr., –s, –] »Was, zum Teufel, bedeutet eigentlich ›INRI‹?«; ⇨ Jesus.

Krill-Party, [fem., –, –s, norweg.-engl.] sommerliche Wal-Fete; ⇨ Wallokal.

Krippe, [fem., –, –n] »Oh, ich dachte, das wäre eine Krippe. Aber der Schein Trog.« ⇨ Weihnachten.

Kronkorken, [mask., –s, –] Flaschen mit Kronkorken sind garantiert Bügel-frei; ⇨ Leergutannahme.

Kronleuchter, [mask., –s, –] wenn einmal der Lüster klemmt, ruft man einfach einen Schalterbeamten – nichts lichter als das; ⇨ *Abb.*

Krüppelkiefer, [fem., –, –n] ⇨ *Abb.*

Krüppelkiefer

Kuckuck, [mask., –s, –e] Uhreinwohner; ⇨ Chronograf.

Kuhantilope, [fem., –, –n, deutsch-griech.-lat.-engl.-franz.] diese Tiere gelten als äußerst flink: Man nähert sich ihnen und sie sind im Gnu verschwunden; ⇨ Steppdecke.

Kuhrage, [fem., –, –n, dt.-franz.] Rinderwahnsinn; ⇨ Rind.

Kultiviren, [Plur., lat.] absolut angesagte Krankheitserreger; ⇨ Klauenseuche.

Kultuhr, [fem., –, –en, lateinisch-deutsch] z.B. Swatch™, allerdings sollte man passionierte Sammler nicht mit ihrem uhrigen Uhren-Tick aufziehen; ⇨ Zeiger.

Kursschluss, [mask., –es, –schlüsse] Ende eines Lehrgangs für ⇨ Elektriker.

Kurvendiskussion, [fem., –, –en, deutsch-lateinisch] Macho-Gespräch unter ⇨ Mathematikern; ⇨ Mackeroni.

Kuss, [mask., –es, Küsse] Lippenbekenntnis.

L

Laberatorium, [neutr., –s, Laberatorien, deutsch-lat.] manche Plauderei wird zu einem so erhitzten Gespräch, dass man dabei arg ins Schwätzen kommt; ⇨ Schwatzmarkt.

Laboe, [franz.] *französisch für* der Wind; ⇨ Kieler Förde.

Laiche, [fem., –, –n] toter ⇨ Fisch.

Landstrich, [mask., –es, –e] Prostitution außerhalb von Städten (⇨ *Abb.*); ⇨ Nagel-Studio.

Landstrich

Langer, Bernhard, * Anhausen 27. Aug. 1957, machte sich im Golf-Krieg einen Namen. *Korrekte Anrede:* »Par-Excellence«; ⇨ *Abb.*

Lapsus Linguae, [mask., –, –, lat.] Ver-Äußerung.

Larifari, [fem., –, –s, arab.-lat.-franz.] schlecht organisierte Safari; ⇨ Gazelle.

Lärmbedingungen, [Plur.] »Was verstehen Sie unter ›Lärmbedingungen‹?« – »Unter diesen Lärmbedingungen verstehe ich gar nichts.«

Laser, [mask., –s, –, engl.] hat was Gutes (Zeitungs-Laser etc.) und was Schlechtes (Heizungs-ab-Laser etc.); ⇨ Heinz Günther Konsalik.

Laternelaufen, [neutr., -s, griech.-lat.-deutsch] Umzuch mit Abhängigen; ⇨ Komet.

Latrinum, [neutr., –s, latr.] man unterscheidet das Große Latrinum (für staatlich anerkannte Hosenscheißer) und das Kleine Latrinum, das allerdings nur für feine Pinkel infrage kommt; ⇨ harnisch.

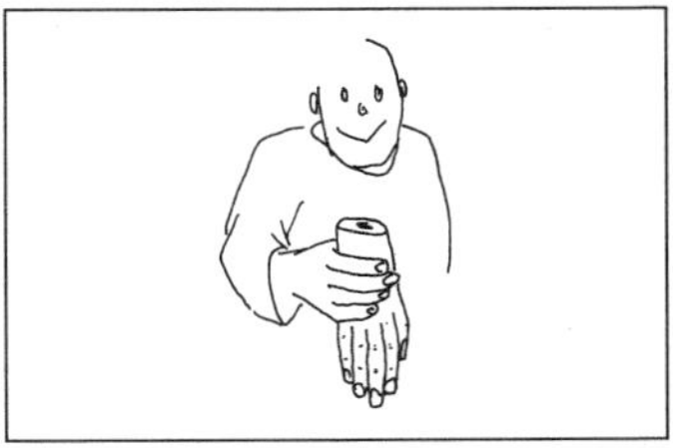

Hand-Langer

Lattenrost, [mask., –es] Korrosionserscheinungen bei männlichen Körperteilen, meist verursacht durch Kolbenfresser oder Eichelhäher. Da hilft oft nur eine Wurzelbehandlung; ⇨ Peniscillin.

Laubbaum, [mask., –es, –bäume] gelten als die ⇨ Exhibitionisten in der Pflanzenwelt, weil sie sich jeden ⇨ Herbst entblättern: Entlaubt ist, was gefällt; ⇨ Baum.

Läufer, [mask., –s, –] Teppiche, die leider nur in völlig unhandlichen Größen geliefert werden. Selbst die kleinsten Modelle (50-m-Läufer, ⇨ *Abb.*) sind für Durchschnittswohnungen oft zu lang; ⇨ Teppichboden.

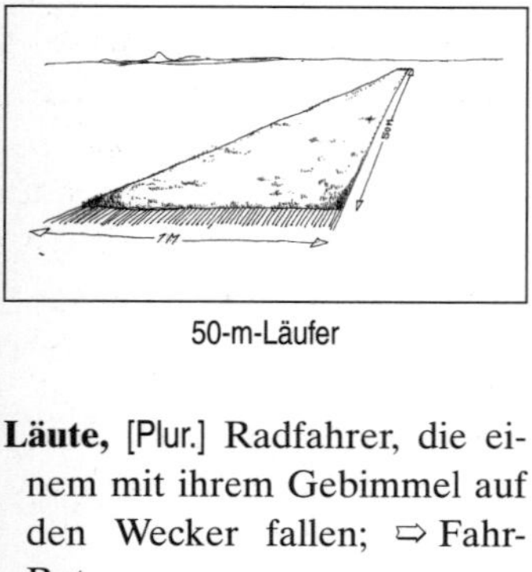

50-m-Läufer

Läute, [Plur.] Radfahrer, die einem mit ihrem Gebimmel auf den Wecker fallen; ⇨ Fahr-Rat.

Lavendel, [franz.] *französisch für* die Treppe.

LB, [fem., –] *Gegenteil von* rhein; ⇨ Hamburg.

Lebensredder, [mask., –s, –, deutsch-plattd.] *norddeutsch für* Lebensweg; ⇨ Chicsal.

Leber-Party, [fem., –, –s, deutsch-engl.] Innereien-Fete. Der dort übliche Gallenhumor geht allerdings vielen an die Nieren und wird sowieso nur von Eingeweiden verstanden. Mit anderen Worten: viel Gedärm um nichts; ⇨ Operation.

Lebkuchenherz, [neutr., –en, –en] hier sei auf den Klassiker »Das Lebkuchenherz im Mandel der Zeiten« verwiesen; ⇨ Nürnberg.

Lee, Bruce, * San Francisco 27. Nov. 1940, † 20. Juli 1973, war Karatekämpfer und Windschattenboxer von Be-Luv; ⇨ B.

Leer, [neutr., –s] emsiges Städtchen.

Leerelosigkeit, [fem., –, –en] hat was.

Leergutannahme, [fem., –, –n] »Wie viel Pfand bekommt man eigentlich für eine Flensburger™-Flasche?« – »So etwa 30 Pfennig, nehme ich an.« ⇨ Reinheitsgebot.

Leermeister, [mask., –s, –] ausgebildeter Müllwerker (»Ich geh dann noch ein paar Entsorgungen machen.«) ⇨ Gelbe Tonne.

Legastronomie, [fem., –, griech.-lat.] Schandwirtschaft; ⇨ Wirtuelle Realität.

Legebatterie, [fem., –, –en, deutsch-lat.-franz.] ⇨ *Abb.*

Legebatterie

leger, [Adj., franz.] es ist immer wieder bei offiziellen Anlässen etc. die Frage: Ist meine Kleidung zulässig oder zu lässig? ⇨ Hochzeit.

Legosthenie, [fem., –, dän.-griech.-lat.] Begriff aus der Fischertechnik, bezeichnet eine Lege- und Bauklotzschwäche bei Kleinkindern; ⇨ Bauklotz.

lehm, [intrans. Vb.] »Lehm und lehm lassen« (Aushilfsgeologe B. Hindert über den richtigen Umgangs-Ton mit ausgemergelten Endmoränen); ⇨ Geest.

Lehnstuhl, [mask., –s, –stühle] *Lehnwort für* lässiges Sitzmöbel, ⇨ *Abb.*

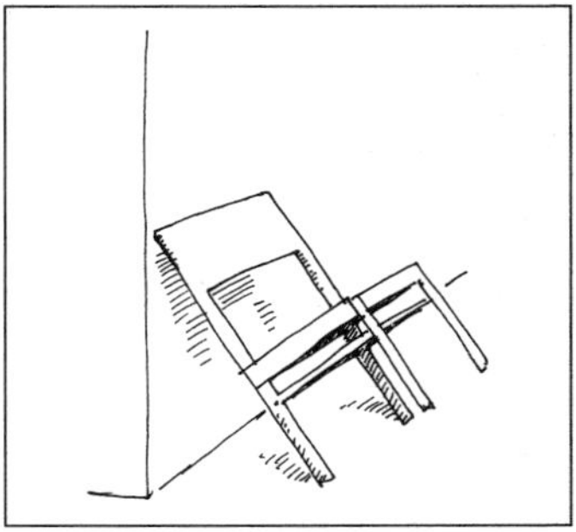

Lehnstuhl

Leicester-Maul, [neutr., –s, –mäuler, engl.-deutsch] englischer Großkotz; ⇨ England.

Leine, [fem., –, –n] a) eine Art Seil: Erstaunlich bleibt, wie dünn Segel sind, wo sie doch aus Leinen gemacht werden; aber mit der Segelmacherei (⇨ Segelschiff) ist auch nicht jeder so vertaut; b) »Sollen wir unsch diese Leine teilen?« – »Nein, 'schnur für mich.« ⇨ Spleiß-Girls.

Leistenbruch, [mask., –s, –brüche] Berufskrankheit bei ⇨ Schustern.

Leistengegend, [fem., –, –en] Teil eines Waldes mit ⇨ Bäumen, die lattent für die Herstellung besonders schmaler und langer Holzstücke geeignet sind; ⇨ Holz.

Leningrad, [mask., –s, –e, russ.-lat.] Temperatureinheit in der ehemaligen UdSSR; ⇨ Russland.

Lenz, Siegfried, * Lyck 17. März 1926, zwischen Lenz und Böll gibt es einen grassen Unterschied. So sagt man einerseits nicht ›sich einen faulen Böll machen‹ oder ›sie zählte siebzehn Bölle‹. Andererseits heißt es aber auch nicht ›Brot statt Lenzer‹; ⇨ Schriftsteller.

Liberté, [fem., –, franz.] *Sklavenhalter:* »Willst'n Kaffee?« *Sklave:* »Nee, Liberté.« ⇨ Humohr.

Vogelstrauß

Libri & Co, [eingetr. Wz.] ⇨ Frau Kolibri freut sich nicht unbedingt, wenn ihr ⇨ Mann einen Strauß (⇨ *Abb.*) mitbringt. Schließlich hat sie schon einen Vogel; ⇨ Vogelbauer.

Lichtmess, [mask., –es, –er] *Kurzwort für* Belichtungsmesser; ⇨ Fotokamerad.

Lid, [neutr., –es, –er] wo viel Lid, da auch viel Schatten; ⇨ Pupille.

Liebe, [fem., –] auf den ersten Blick: »Sie liebt dich jäh jäh jäh.« ⇨ Alma Nach.

Liebesroman, [mask., –s, –e, deutsch-lat.-franz.] ficktionale Lecktüre; ⇨ G. Roschen.

Liedgitarre, [fem., –, –n, deutsch-griech.-arab.-span.] Melodieinstrument, ideal für Saitenschinder; ⇨ *Abb.*

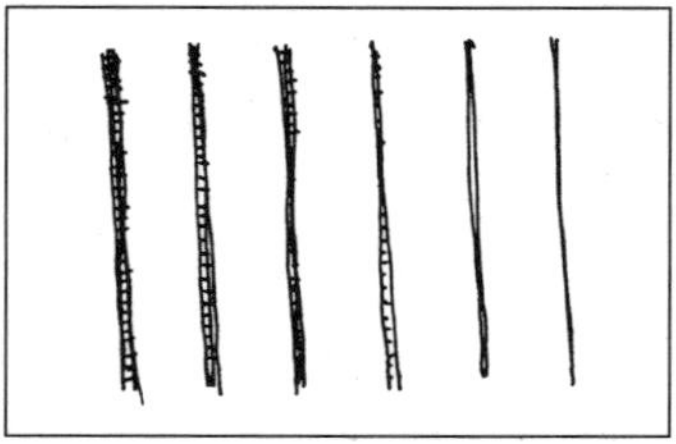

Liedgitarre
(Saitenansicht)

Liegen, [Plur.] haben meist kurze Beine; ⇨ Unwahrheit.

Lift, [neutr., –s, eingetr. Wz., engl.] Erfrischungsgetränk für Gesichts-Chirurgen; ⇨ Straffgesetzbuch.

light, [Adv., englisch] es wird immer slimmer: Wir sind diese kalorienarmen Speisen und Getränke echt light. »Kalorien ne va plus!« heißt es in letzter Zeit zunehmend; ⇨ Dicktat.

Light-Show, [fem., –, –s, englisch] Großveranstaltung der ⇨ Weight-Watcher; zu essen gibt es nur Birnen (⇨ Birnbaum) und abends tritt ein Schweinwerfer auf. So gibt's dann für jeden ⇨ watt; ⇨ Scheinwerfer.

Limosine, [fem., –, –n, pers.-arab.-franz.] Orangensaft-Getränk, meist aber sehr aufbrausend. Den Rest überlassen wir der Fanta™-Sie.

Lingus, Conny, * Dortmund 6.9. 1969, etwas blasierte Inteleck-tuelle, hat von Tuten keine Ahnung und ist auf keinen Phall für unbeleckte Empfängnis zu haben, denn gewisse Gewohnheiten leckt man einfach nicht mehr ab; ⇨ Graphie, Otto und Kalli.

Linke, [mask., –n, –n] die Linken wollen mehr Rechte (»Rot für die Welt!«), die Rechten weniger Linke (»Wir sehen Schwarz!«).

Liter-Rat, [mask., –es, griech.-lat.-franz.-deutsch] erst bittet man den Tankwart um einen ⇨ Tipp, mit wie viel Benzin der Tank zu befüllen sei; anschließend darf man die Anzahl der Liter raten; ⇨ Rahmenhandlung.

Lnull, Norma, * Niveausibirsk 1. Jan. 1800, † Levelkusen 31. Dez. 1900, Norma Lnull war eine ⇨ Frau, die sich gern in der Oberfläche des Meeres spiegelte; ⇨ El Niño.

Log, Anna, * Silicon Valley 12. März 1945, »Mein neuer Macker hat dicke Taler.« Anna log. Das sieht ihr ähnlich; ⇨ Computer.

logo, [Adj., engl.] »Hast du schon das neue Firmenemblem entworfen?« – »Na logo!« ⇨ Werbespott.

Logomotive, [Plur., lat.-engl.] abgefahrene Bilder von Bahnhöfen.

Lokalpatriot, [mask., –en, –en, lat.-franz.] Wirtschaftsstudent im Praktikum auf Kneip-Kur; ⇨ Alkoholiker.

Lokvogel, [mask., –s, –vögel, lateinisch-deutsch] ⇨ Zugvogel; ⇨ *Abb.*

Lokvogel

Lorbär, [mask., –en, –en] gilt in der Familie der Bären (⇨ Bi-Bär) als der Kreditwürdigste. Bärauszahlung ist kein Problem, außerdem bekommen Lorbären überall Vorschuss; ⇨ Sandbank.

Losungswort, [neutr., –s, –wörter, Jägerspr.] z.B. »Kacke«; ⇨ Fäkalsprache.

Lo-Tse, * und † China, 3. Jahrh. v. Chr. (?), Fährmann mit Schalk im Nachen (schwer überzusetzendes ⇨ Wortspiel); ⇨ Chinah.

Lothringen, Elsa, * Versailles 28. Juni 1919, ist nicht nur sauber, sondern oberrhein. Außerdem ist ihre Neugier nicht zu bremsen: »Vogesen heute Abend schon wieder hin?« ⇨ Frank Reich.

Lotterie-Normenkonferenz, [fem., –, –en, franz.-lat.] beschäftigte sich zuletzt mit der schicksalhaften Frage: »Was ist Los?« ⇨ Schicksaal.

Lotto-Gewinner, [mask., –s, –, franz.-ital.-dt.] *Gegenteil von* Lotto-Normalverbraucher (»Als ich so plötzlich im Lotto gewann, habe ich erst mal einen ganz schönen Scheck gekriegt.«) ⇨ Erzgewinnung.

Lotto-Motor, [mask., –s, –en, franz.-ital.-lat.] Antrieb für Ziehungsmaschinen; ⇨ Lotto-Gewinner.

Löwe, [mask., –n, –n, griech.-lat.] a) an ihrer Haarpracht erkennt man leicht die mähnlichen Tiere; b) bei den alten ⇨ Römern gab es manchmal einen fürchterlichen Zirkus wegen der Frage, ob man den Löwen etwas vorwerfen könne; ⇨ Zoo.

Luchs, [fem., –, eingetr. Wz.] Luchs™ wird von Radio Luchsemburg™ als Spezialseife für die Katzenwäsche empfohlen; ⇨ Miezhaus.

Luther, Martin, * Eisleben 10. Nov. 1483, † ebd. 18. Feb. 1546, hing mit Eva ('n gälischer Name) an 95 Tresen herum. Kein Wunder, dass er danach einen etwas verlutherten Eindruck machte; ⇨ Kirche.

M

Mäander, Zarah, * Karlstad 15. März 1907, † Stockholm 23. Juni 1981, schlängelte sich so durchs Leben.

Machmahall, [mask., –s, arab.] Tontechniker.

Mackeroni, [Plur., ital.] Grundnahrungsmittel für Machos; ⇨ Spagetti-Träger.

Magellan, * Sabrosa 1480, † Mactan 27. April 1521, die Erde ist doch keine Scheibe – was zu bereisen war; ⇨ Planet.

Magnetfeld, [neutr., –es, –er] stark eisenhaltiger ⇨ Acker.

Mähdrescher, [mask., –s, –] *Kindersprache für* Schafschänder (⇨ *Abb.*); ⇨ Schafschütze.

Maisonette, [Plur., franz.-engl.] Frühlingsgedichte; ⇨ William Shakespeare.

Makler, [mask., –s, –] finanziert sich mit seinen Gebühren seine Kur-Tage, ist also alles andere als makellos; ⇨ Hausaufgabe.

Makrone, [fem., –, –n, engl.-griech.-lat.] Kopfbedeckung für die Königinmutter; ⇨ Heinrich VII.

Malente, Caterina, * Paris 14. Jan. 1931, sang den schleswig-holsteinischen Hit »Warum ist es in Preetz so ⇨ plön?«

Maler, [mask., –s, –] gibt sich gern den Anstrich von Kunst – sein Benehmen wirkt dadurch teilweise etwas lasiert –, ist aber manchmal doch nur ein sich etwas einbildender Künstler; ⇨ Pinsel.

Mähdrescher

Mamarazza, [fem., –, –s, ital.] Sensationsfotografin; ⇨ Paparazzo.

Man, Kai, * Krokatau 2. April 1956, bekannter Innenarchitekt, berühmt wurde seine echselente Kroko-Diele; ⇨ Echscenter.

Mandat, [neutr., –s, –e, lat.]

»⇨ Watt für'n Auftrag ham wir hier eigentlich?« – »Wenn Mandat bloß wüsste!«

Mane, Otto, * Chaise-Longue 1. April 1914, ziemlich verrückter Kerl oder, um die Engländer zu zitieren: Sofa, so good.

Maniküre, [fem., –, –n, lat.-franz.] es liegt auf der Hand: Hier werden Jobs an den Nagel gehängt; ⇨ Nagelbett.

manisch [Adj., lat.] handlich (»Manisch dat 'ne jroße Hand.«) ⇨ Finger.

Mann, [mask., –es, Männer] phon Phall zu Phall pherschieden; ⇨ Frau.

Mann, Heine, * Schwelm 23. Juli 1899, † Essen 7. Juli 1976, ein eher heusslicher Typ. Er wurde wegen seiner carstigen Kommentare (»Was staat ihr mich denn so an, ich weiß oberhaupt nicht, was ihr wollt!«) von der Öffentlichkeit etwas scheel angesehen. Zudem gab es kaum einen, der nicht über seinen Roman (»Vom Weit-Säcker zum Eng-Beutler«) herzog. Schließlich legte er dann doch sein Gelübke ab und bekam ein buntes Präsent; ⇨ Johannes Rau.

Mannheim, [neutr., –s, –e] Single-Haushalt; ⇨ Verein-Samt.

Mannschaftskapitän, [mask., –s, –e, deutsch-lat.-ital.-franz.] sollte mit gutem Ballspiel vorangehen; ⇨ Fußballer.

Manschette, [fem., –, –n, lat.-franz.] wer Manschetten hat, ist meist etwas gehemd; ⇨ leger.

Manta, [mask., –s, –s] bevor er in die Pfanne gehauen wird, hat er den Braten schon gerochen; ⇨ Angelschein.

Marathon, [mask., –s, –s] da gibt's ja laufend neue Wettbewerbe; ⇨ Läufer.

Märchen, [neutr., –s, –] was soll man dazu Sagen? ⇨ Schneewittchen.

marintim, [Adj., lat.] marintime Körperlichkeit: Landzungen küsten den Bottnischen Meerbusen und die Flut im ⇨ Wattenmeer erreichte zweimal pro Tag einen ⇨ Höhepunkt; ⇨ Ostsee.

Mark Brandenburg, [fem., –] *veraltend für* Euro Brandenburg.

Marmelade, [fem., –, –n, griech.-lateinisch-portugiesisch] alle vier Jahre im schleswig-holsteinischen Bad Schwartau stattfindendes Weltsportfest der Marmelspieler – so wird jedenfalls gemurmelt; ⇨ Olympische Spüle.

Mars, [mask., –, lat.] a) als Kriegsgott ein unduplomatischer Nichts-Nuts; b) [eingetr. Wz.] übermäßigem Mars™-Konsum sollte man einen Riegel vorschieben.

Maschinengewähr, [fem., –, griech.-lat.-franz.-deutsch] Garantieleistung im industriellen Bereich.

Maßnahme, [fem., –, en, bayr.] *bayrisch für* Diebstahl von Biergläsern; ⇨ *Abb.*

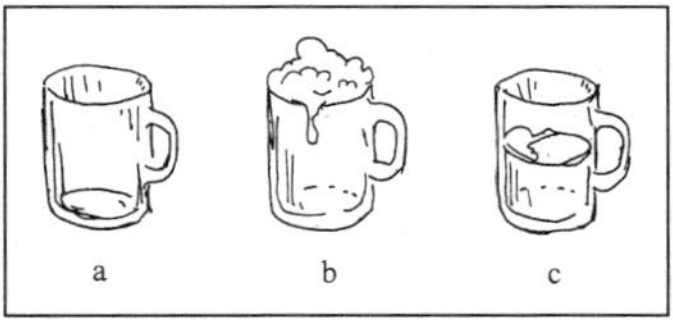

a) Schlechtes Maß
b) Gutes Maß
c) Mittelmaß

Mathematiker, [mask., –s, –, griech.-lat.] für Mathematiker gibt es auf dem Arbeitsmarkt oft nur Stellen hinter dem Komma; ⇨ Kommaregel.

Mattigkeit, [fem., –, –en] Gefühl der ⇨ Niedergeschlagenheit nach einem verlorenen ⇨ Schachspiel.

Mauerfall, [mask., –s] der Anfang von der ⇨ Wände: Wände dich erst mal wiedervereinst, brauchste dich hinterher nicht zu beschweren. Wie hieß es doch damals: Erich wehrt sich am längsten. Nach Überwindung der Teilung heißt es komischerweise: Vereint sein dürfen bedeutet teilen müssen; ⇨ Kalter Krieg.

Mauersegler, [mask., –s, –] ⇨ *Abb.*

Mauersegler

Maurer, [mask., –s, –] leben von der Wand (⇨ *Abb.*) in den ⇨ Mund und stellen die Berufsgruppe mit der höchsten Mörtelitätsrate. Warum das so ist, sei hier noch hinzugefugt: Es liegt daran, dass die Mitglieder der so genannten Kelle-Family manchmal zum Frühstück locker eine ganze

⇨ Wand verputzen; ⇨ Beton-Mischer.

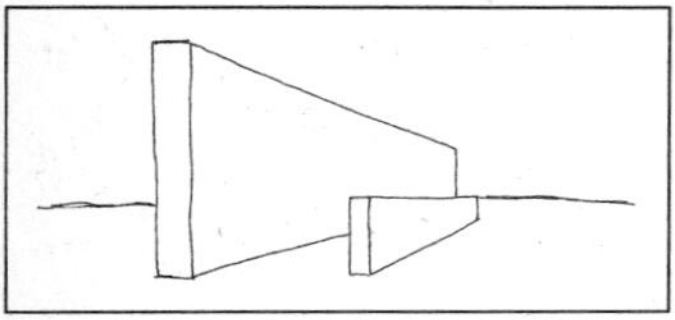

Einwand (l.) und Vorwand (r.)

Maus, Micky, * Maustin (Texas) 31. April 1930, die ⇨ Liebe zu seinem Hund war rein plutonisch; ⇨ Dagobert Duck.

Mausoleum, [neutr., –s, –leen, griech.-lat.] angesichts des Umfangs der Investition empfehlen wir den Kauf in kleinen Ratten.

May, Karl, * Ernstthal 25. Feb. 1842, † Radebeul 30. März 1912, wird oft mit seinem Namensvetter Marx (⇨ Manni Fest) verwechselt, dabei verfolgte er stilistisch eine ganz andere Linie. Hauptwerke: »Das wilde Maniwest«, »Vom Winne verweht«, aber erst der Nachfolgeband »Winne Two« brachte den durchschlagenden Erfolg; ⇨ Schafschütze.

Maya, [Plur.] Bienen züchtendes Volk in Süd- und Mittelamerika. Leitspruch: Sum ergo sum (übersetzt etwa: Die ganze ⇨ Welt ist eine ⇨ Biene); ⇨ Hau!

McQueen, * Slater (Mont.) 24. März 1930, † Ciudad Juàrez 7. Nov. 1980, wuchs bei seiner Stevemutter auf.

Medikuss, [mask., –es, –küsse, lat.-deutsch] Zärtlichkeit unter ⇨ Ärzten.

Meerjungfrau, [fem., –, –en] »Neulich hatte ich 'ne Affäre mit 'ner Meerjungfrau.« – »Und?« – »War nix, ich versuch's jetzt wieder mit Sextanten.« ⇨ Seemann.

Mehlbox, [fem., –, –en, deutsch-engl.] gehört in jeder guten Küche aufs ⇨ Bord.

Mehrwegflasche, [fem., –, –n] aus Umweltschutzgründen sollten wir Getränke nur noch undosiert zu uns nehmen; ⇨ Leergutannahme.

Meiler, [mask., –s, –, lat.] veraltend für Kilometerfresser.

Mensch, [mask., –en, –en] der Mensch lebt nicht vom Tod allein; ⇨ tot.

Mentär, Rudi, * Unterbleibsel (?) um 1700 (?), † ? vor 1800 (?), von seiner Biografie sind nur noch kümmerliche Reste vorhanden.

Mente, Ali, * Wolkenkuckucksheim 6.6.1966, wenn ihm sein Bruder Argu ausgegangen ist, muss er zahlen; ⇨ Vaterschaft.

Mercury, Freddie, * Sansibar 5. Sept. 1946, † London 23. Nov. 1991, drang in die Analen der Geschichte ein.

Merkur, [mask., –] der ⇨ Planet sollte erst ⇨ Thor heißen, aber dann würde ja ständig der Hammer kreisen; ⇨ Hammerfest.

Messing., [mask., –s, –s, deutsch-lat.-franz.] *Abkürzung für* Messingenieur.

Messner, Reinhold, * Brixen 17. Sept. 1944, Aufsteigertyp (⇨ Bergsteigen) und Verfasser von Schlundliteratur; ⇨ Gebirgskamm.

Metermorphose, [fem., –, –n, griech.-franz.-lat.] Umwandlung von ⇨ Fuß, Yard, Meile etc. in angelsächsischen Ländern; ⇨ Kielometer.

Métronomen, [neutr., –s, –, franz.-lat.] Substantiv aus der Untergrundsprache, z.B. U-Bahn, U-Bahnsteig etc.

Metzger, [mask., –s, –] wursteln sich so durchs Leben; der eine besser, der andere schlächter. Wenn sie nur nicht so aufschneiden würden! ⇨ Yachtwurst.

Miederbayern, [neutr., –s] Ursprungsland der Vilslaus.

Mienenleger, [mask., –s, –, franz.-deutsch] *scherzhaft für* Schönheitschirurg; ⇨ Straffgesetzbuch.

Miesmuschel, [fem., –, –n] gilt als die schlechtest gelaunte Meeresbewohnerin; ⇨ Pazifismus.

Mietleid, [neutr., –s] Probleme bei der Nutzung fremden Eigentums gegen Bezahlung. Ein schwacher Trost: Die halbe Miete ist oft schon die halbe Miete; ⇨ Miezhaus.

Miezhaus, [neutr., –es, –häuser] meistens luchsoriös ausgestattete Hütte für ⇨ Katzen.

Milch, [fem., –] bemelkenswerte Flüssigkeit – jedenfalls im Rahm ihrer Möglichkeiten, und so euter und so euter; ⇨ Käse.

Militärbasen, [Plur., lat.-franz.] weibliche Verwandte bei der Bundeswehr™, leicht zu verwechseln mit Raketenbasen; ⇨ Raketenstutzpunkt.

Milli-Teer, [mask., –s, lat.-franz.] kleinste Asphalt-Einheit.

Minimahl, [neutr., –s, –e, lat.-franz.-ital.-engl.-deutsch] von Snackern eingenommene Zwischenmahlzeit; ⇨ Fast Food.

mittellos, [Adj.] ausverkaufte ⇨ Apotheke.

Mohammed, * Mekka um 570, † Medina 8. Juni 632, hatte als Morgenlandmuffel allahlei zu mekkan (»Oman, is' lahm, die Sau, die.«). Ein derartiges Verhalten spottet natürlich jeder Beschneidung; ⇨ Ramadan.

molewarm, [Adj., lat.-franz.-dt.] *Gegenteil von* molekühl; ⇨ Polizistenwärme.

Molldau, [fem., –] die »Molldau« 's metana großen ⇨ Liebe zum Detail geschrieben, endet aber dennoch in Dur; ⇨ Quellenangabe.

Molotow, W.M., * Kukarka 9. März 1890, † Moskau 8. Nov. 1986, ehemaliges Mitglied des Polit-Pyros; ⇨ Russland.

Mönch, [mask., –s, –e, griech.-lat.] ordentliche Mönche und ⇨ Nonnen vermehren sich durch Teilung von Zellen: Wie man betet, so liebt man; ⇨ Kirche.

Mond, [mask., –es, –e] Astronomen nehmen den Mond ja teilweise zu voll: »So'nen Mond – und Sterne! Das wird einem manchmal einfach zu viel.« (zitiert aus »Le Mond«); ⇨ Astro-Physiker.

Mone, Anne, * Rosenheim 31. April 1901, Erfinderin des etwas schlüpfrigen Buschwindhöschens, eine Art Freudscher Slip; ⇨ Sigmund Freud.

Monet, Port, * Paris 14. Nov. 1840, † Giverny 6. Dez. 1926, brachte den Impressionismus auf den Point; ⇨ Geldfälscher.

Montage, [Plur., lat.-franz.] bevorzugte Wochentage für die Produktion französischer Automobile. Heraus kommen bisweilen sogenannte Jahreswagen, die nach zwölf Monaten zerfallen; ⇨ Gebrauchtwagenhändler.

Monteur, [mask., –s, –e, franz.] *gehoben für* Bergsteiger; ⇨ Reinhold Messner.

Montevideo [neutr., –s, –s, ital.] Bergfilm.

Mooral, [fem., –] Verhaltenskodex bei abgesumpften Typen.

moppeln, [intrans. Vb.] doppelt gemoppelt hält besser.

Mörder-Rendezvous, [neutr., –s, –s, deutsch-franz.] Täter à Täter; ⇨ Jack the Ripper.

Mountains, Rocky, * Brooks Range (Alaska) 16. Aug. 2765484 v.Chr., † New Mexico 13. Juni 14365 v.Chr., seine Biografie ist zwar nicht gerade tallos, und er hat einiges zu verbergen, aber man kann ihm nichts an Hängen; ⇨ Gipfeltreffen.

Muddel, Kuddel, * Suelzen (Niedersachsen) 551 v.Chr., † ebd. 479 v.Chr., was den Chinesen ihr Konfusius, ist uns unser Kuddel Muddel; ⇨ Lo-Tse.

Muezzin, [mask., –s, –s, arab.] versuchen, mit freundlichen Begrüßungen (»Guten Moscheen!«) ihren guten Ruf zu minaretten; ⇨ Mohammed.

Müll, [mask., –s] darüber kann man nur abfällige Bemerkungen machen (»Alles Müll, hä?, oder was?«); ⇨ Banane.

Müll-Jeux, [Plur., dt.-franz.] Abfall-Spiele; ⇨ Heinrich Zille.

Gelber Sack

Müllexport, [mask., –s, –e, deutsch-lat.-engl.] erfolgt am besten nach Fernost: ca. 50% der Bevölkerung hat einen gelben ⇨ Sack (⇨ *Abb.*); ⇨ Gelbe Tonne.

Müllkippe, [fem., –, –n] schlecht verarbeitete Zigarette; ⇨ Raucher.

Müll-Trennung, [fem., –, –en] unschöne Beendigung einer Beziehung; ⇨ Exkommunikation.

Mund, [mask., –es, Münder] *derb für* Blasinstrument; ⇨ Dental-Center.

Mündchen, [neutr., –] etwas kleinlaute Bayernmetropole; ⇨ Maßnahme.

Mundtuch, [neutr., –es, –tücher] Mundtücher sind nur noch sehr schwer zu bekommen – seit dem Zusammenbruch der Serviett-Union; ⇨ Leningrad.

Muschel, [fem., –, –n] obwohl in einer Konzertmuschel verschiedenartigste ⇨ Musik (so eine Art Promenadenmischung) von einem Ohrchester dargeboten wird, spricht man nicht von einer Ohrmuschel; ⇨ Holzhammermethode.

Musik, [fem., –, griech.-lat.-franz.] Akkord-Arbeit, manchmal mit viel Harmonie (⇨ *Abb.*). Zur klassischen Ernährung der Akkord-Arbeiter: Wie sagte doch schon Popeye? »Spinett essen ist gesund;« ⇨ G7-Gipfel.

Akkord-Arbeiter

Mutter, Anne-Sophie, * Rheinfelden 29. Juni 1963, recht fiedele Rändelsführerin beim Aufstand der ⇨ Schrauben; ⇨ Violine.

Mutterschafft, [fem., –, –en] Mutterschafft in der Wohnung (wischt die Küche und fühlt sich als Mopping-Opfer), Vaterschafft das ⇨ Geld ran; ⇨ Ali Mente.

Muttersöhnchen, [neutr., –s, –] Muttersöhnchen heulen wie ein Schoßhund.

Mutterwitz, [mask., –es, –e] »Hast du gesehen, wie Mami auf der Bananenschale ausgerutscht ist?« ⇨ Banane.

Myxomatose, [fem., –, griech.-lat.] blinder Has'; ⇨ Ostern.

N

Nach, Alma, * Schneckenstein 8.2.1962, drückte sich bei der alles entscheidenden Frage bei ihrer ⇨ Hochzeit derart kompliziert aus, dass statt des üblichen Ja-Worts gleich ein ganzes Ja-Buch dabei herauskam; ⇨ Kahlender.

Nachname, [fem., –, –n] Post verschickt man am besten mit Nachname; ⇨ Postmoderne.

Nacht, [fem., –, Nächte] »Keine Nacht für niemand!« (mittsommerlicher ⇨ Eskimo-Anarcho-Schnack).

Nachtischlampe, [fem., –, –n] dezente Dessert-Beleuchtung; ⇨ Beleuchtungskörper.

Nachttischschlampe, [fem., –, –n] Hausfrau, die sich weigert, im Schlafzimmer aufzuräumen; ⇨ Haushälterin.

Nachwuchssorgen, [Plur.] Kinder und Jugendliche sehen die Zukunft nicht besonders rosig; ⇨ Kinderwahnsinn.

Nagelbett, [neutr., –s, –en] Einrichtungsgegenstand in einem ⇨ Nagel-Studio.

Nagel-Studio, [neutr., –s, –s] *scherzhaft für* Bordell bzw. hurizontales Gewerbe. Hier kann man mal die Gelegenheit zum persönlichen Kontakt mit der Sackbearbeiterin eines Reizebüros nuttzen und sie bitten, Stellung zu nehmen; ⇨ Landstrich.

Nahrungsaufnahme, [fem., –, –n] Foto von z.B. einer ⇨ Banane.

Napfschnecke, [fem., –, –n] *scherzhaft für* besonders lahmarschiges Küchenpersonal; ⇨ Koch.

Napoleon, * Ajaccio 15. Aug. 1769, † Sankt Helena 5. Mai 1821, hatte nur militärische Einfälle im Kopf und soll erst nach vielen Niederlagen eingesehen haben: »Ich krieg zu viel!« ⇨ Niedergeschlagenheit.

Narr, [mask., –en, –en] Kinderwunsch unter Narren: »Jetzt machen wir auch mal einen Geck.« ⇨ Winterjäcken.

Nase, [fem., –, –n] hervorragender Körperteil; ⇨ HNO-Arzt.

Nasebohren, [neutr., –s] es ist auch in unserer ⇨ Tempo™-reichen Zeit immer noch sehr popelär, sich in die eigene

⇨ Nase zu fassen; ⇨ Schnäuzbart.

Nässe, Axel, * Plön (Holsteinische Schweiß) 24.3.06, Deologe, hat u.a. festgestellt, dass auch und gerade die Dicksten dünsten; ⇨ schwitzen.

Nass, Anna, * Feuchtwangen 9.1.555, † Nassenbeuren 8.7.719, lernte im Tropenregen das Früchten.

Nebelmaschine [fem., –, –n, deutsch-griech.-lat.-franz.] anfangs haben die Bediener dieses Geräts von der Handhabung oft keinen blassen Dunst, aber Trübung macht den Meister.

Necktar, [mask., –s] scherzhafte Bemerkung von ⇨ Biene zu ⇨ Biene (»Honig soit qui mal y pense.«), auch wenn die eine oder andere es nicht waben will; ⇨ Wachstum.

Nee-Maschine, [fem., –, –n, plattd.-griech.-lat.-franz.] absolut negierender Apparat, dessen Masche es ist, sich gemütlich auf dem Sofa zu häkeln und Garn nichts zu machen; ⇨ Strickleiter.

Neger, [mask., –s, –, lat.-span.-port.-franz.] »Ein Neger mit Gazelle zagt im Regen nie.« – oder war es trhekegmu? ⇨ Humohr.

Neid-Club, [mask., –s, –s, deutsch-engl.] Erreg-Bar, da hilft auch kein Diskotieren; ⇨ Witzhaus.

Neonfisch, [mask., –es, –e, griech.-deutsch] wortkarge Tierchen, ⇨ typische Begrüßung: »Halo, gen auch gleich wieder.« ⇨ Fisch.

Nervensäge, [fem., –, –n, lat.-dt.] wichtiges Werkzeug des Neurologen; ⇨ Neuro.

Nesthocker, [mask., –s, –] ⇨ *Abb.*

Nesthocker

Netz-Beschmutzer, [mask., –s, –] Kriminelle im Internet, die z.B. mit Kinderpornos (⇨ Peter Rast) versuchen, Kundschaft anzuloggen. Beschreibung eines besonders krassen Falles in dem Buch »E-mail und die Detektive«; ⇨ Mehlbox.

Neubau, [mask., –s, –ten] Neubauten sind noch etwas ungewohnt; ⇨ Hauskauf.

Neumünster, [neutr., –s] immer wieder interessant, was den Leuten zu Neumünster einfeld; ⇨ Holstein.

Neuro, [mask., –s, –s, griechisch-lateinisch] Nachfolgewährung für den Euro. Diese häufigen Umstellungen gehen einem langsam auf die Nerven; ⇨ Euro-Fighter.

Niedergeschlagenheit, [fem., –] ⇨ typisches Gefühl nach einer Rauferei mit Stärkeren.

Nietenhose, [fem., –, –n] gilt als der Versagertyp unter den ⇨ Beinkleidern.

Nietzsche, Friedrich, * Unterröcken 15. Okt. 1844, † Weimar 25. Aug. 1900, laut Nietzsche hat Gott schon längst den heiligen Geist aufgegeben.

nixe, [Adv.] *Plural von* nix; ⇨ Meerjungfrau.

Nonne, [fem., –, –n, lat.] nonnverbale Kommunikation: »I just wanna get kloster you.« – »⇨ Mönch, ärgere dich nicht.«

Nord-Süd-Konflikt, [mask., –s, deutsch-lat.] Norden und ⇨ Süden – das ist schon ein himmelweiter ⇨ Unterschiet.

Nostalgie, [fem., –, –n, griech.-lat.] ist auch nicht mehr das, was es mal war.

notdürftig, [Adj.] »Entschuldigung, ich bin ein bisschen in notdürftig mal bei Ihnen aufs ⇨ Klo?«

No Welle, [fem., –, engl.-deutsch] Flaute; ⇨ Segelschiff.

Nürnberg, [neutr., –s] a) Stadt der Trichter und Henker. Das Umgießen von Flüssigkeiten bereitete lange Probleme, bis ein Nürnberger die Prozesse dieses Vorgangs begriff und auf den Trichter kam, ein spitz zulaufendes Gefäß zu benutzen. Das war natürlich ein dickes ⇨ Ei, und alle fanden das urkonisch. b) die erste deutsche Eisenbahn fürthe nach Nürnberg; ⇨ Zug.

Nuss, [fem., –, Nüsse] tierisch: Die besonders großen im Wasser heißen Walnüsse, die in der Luft sind meistens eine Taube; ⇨ Brieftaube.

O

Oberdonaudampfschifffahrtsgesellschaftskapitn., [mask., –s, –e] *Abkürzung für* Oberdonaudampfschifffahrtsgesellschaftskäpitän.

Obergine, [fem., –, –n, deutsch-franz.] weiblicher Auber.

Oberhalb, [mask., –s, –e] a) Teilzeitkellner; b) ⇨ *Abb.*

Oberhalb

Oberlehrerhaft, [fem., –] Gefängnisstrafe für allzu altkluge Pädagogen; ⇨ Autodidaktik.

Oberteil, [neutr., –s, –e] ⇨ *Abb.*

Oberteil

Oberursel, [fem., –, –] *scherzhaft für* schwuler Kellner.

Oberwasser, [neutr., –s] bisweilen fließt das Trinkgeld so spärlich, dass sich der Kellner gerade mal Selters™ kaufen kann; ⇨ Wirtuelle Realität.

Obstdiebstahl, [mask., –s, –stähle] ist abzulehnen: Man soll die Kirsche im ⇨ Dorf lassen.

ochsidieren, [trans. Vb.] *scherzhaft für* kastrieren; ⇨ Operation.

Odenwald, [mask., –s] Dichter-Hain; ⇨ Johann Wolfgang Goethe.

Oder, [fem., –] Oder und Neiße kann man leicht verweichseln: Alles fließt; ⇨ Frankfurt.

Ogino, Kyusaku, * Toyohashi März 1882, † Jorii 1. Jan. 1975, galt in seiner ganzen Konzeption als knausrig; ⇨ Knaustrophobie.

OH_2, [Interj.] überraschter Ausruf eines frisch gebackenen Vaters von ⇨ Zwillingen – das ist alles, wasser sagen kann; ⇨ Vaterschaft.

Ohmi, * Obervolta 31. Nov. 1913, Ohmi leitet seit Jahren den Widerstand, bringt es aber nie zu ⇨ watt – das kommt vom Herumstromern; ⇨ Elektriker.

Ohrwurm, [mask., –s, –würmer] ⇨ *Abb.*

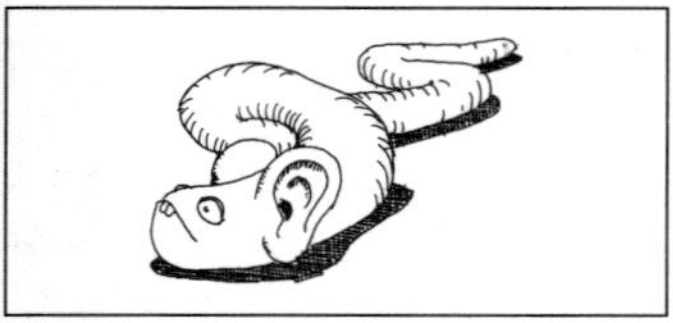

Ohrwurm

Oktobus, [mask., –, –se, lat.] ⇨ *Abb.*

Oktobus

Oldenburger, [mask., –s, –, engl.] überlagerter Hamburger; ⇨ Hamburg.

Öl, [neutr., –s, –e, griech.-lat.] gehört zu den wenigen zweibuchstabigen ⇨ Wörtern, die mit Ö anfangen und mit l aufhören; ⇨ Fett.

Ölmahlerei, [fem., –, –en, griech.-lat.-deutsch] Fabrik für die Verarbeitung von Oliven, Raps etc.

Olympische Spüle, [fem., –, –n, griech.-deutsch] Küchenmöbel für Götter; ⇨ Pierre de Coubertin.

Omo™-Sexualität, [fem., –, deutsch-lat.] biologisch schwer abbaubare Affinität zu nichtironischen Tensiden; ⇨ Kiffhäuser.

onanieren, [intrans. Vb.] *derb für* sich am Riemen reißen; ⇨ Sex.

Onassis, Aristoteles, * Smyrna 15. Jan. 1906, † Paris 15. März 1975, begann seine Gebete mit »Oh, nasses Element …«, guten Ratschlägen seiner Freunde (»Oh, lass es, Onassis!«) zum Trotz. Kein Wunder also, dass er schon in jungen Jahren unter die Reeder kam; ⇨ Fairhafen.

Onkel, [mask., –s, –] Onkel sind mitnichten ausschließlich neffige Typen.

Onkologie, [fem., –, griech.] *scherzhaft für* Kaffeekunde.

Opel, Konstantin, * Byzanz 1. Jan. 1930, Neffe von Kai Tür, ist an Boule nicht besonders interessiert; ⇨ Atatürk™.

Operation, [fem,. –, –en, lat.] hierbei werden einschneidende Maßnahmen getroffen; ⇨ Anna Tomie.

optimistisch, [Adj., lat.-franz.] kein Gram zu viel.

oral, [Adj., lat.] in aller ⇨ Munde, *Gegenteil:* anal (alles im Arsch). Oder beides zusammen: aral™ bzw. aronal™; ⇨ Analphabeten.

Orden, [mask., –s, –, lat.] hier besteht höchste Ansteckgefahr; ⇨ Broschüre.

Ordner, [mask., –s, –] sorgt für den Sälenfrieden; ⇨ Rausschmeißer.

Organspende, [fem., –, –n, griechisch-lateinisch-deutsch] bei Organspenden ist der Wille des Spenders ausschlachtgebend.

orientieren, [refl. Vb., lateinisch-französisch] auch hier im Okzident muss man sich irgendwie orientieren, bzw.: Auch im Orient kann Metall okzidieren; ⇨ Rost.

Orkanspende, [fem, –, –n, karib.-span.-niederl.-deutsch] Vorsicht: Wer Wind sät, wird Sturm ernten! ⇨ Himmelsrichtung.

Ostblockschokolade, [fem., –] Süßigkeit zur Zeit des ⇨ Kalten Krieges.

Osterlilie, [fem., –, –n] völlig narzisstische Blume.

Ostern, [Plur.] die eierne Zeit; ⇨ Hase.

Osteron, [neutr., –s, lat.] Hormon in der Testphase.

Österreich, [neutr., –s] »Was linzt du mich denn so an – siehst ja aus wien Penner!« – »Watzmann ab, wir sehen uns inn Salzburg wieder.« ⇨ Schlagoberst.

Ostpreis, [mask., –es, –e] ausgezeichnete Ware in der ehemaligen DDR™.

Ostsee, [fem., –] wegen Überdüngung kann der Ostsee nur noch eine Algenfrist eingeräumt werden.

Oxymoron, [neutr., –, –ra, griech.] über dieses ⇨ Wort sind nur wieder sprüchliche Angaben zu bekommen; ⇨ Kontrast.

P

Packeis, [neutr., –es] Gefrorenes für den Pöbel; ⇨ Eis.

Pädagogik, [fem., –, griech.-lat.] die Kunst der Stunde nutzen; ⇨ Oberlehrerhaft.

Palatschwein, [neutr., –s, –e, griech.-lat.-rumän.-ungar.-deutsch] genießbar sind eigentlich nur die Keulen, die sogenannten Palatschinken; ⇨ Saupreis.

Papamobil, [neutr., –s, –e, lat.-ital.] das erste Auto mit Katholysator; ⇨ Papst.

Paparazzo, [mask., –s, ital.] *italienisch für* Vater schläft; ⇨ Ratzeburg.

Papier, [neutr., –s, griech.-lat.] »Eigentlich wollte ich Papierhersteller werden, aber dann habe ich mich verzettelt und pergament kam etwas dazwischen. Jetzt arbeite ich als Wegelagerer an der A4 – ist auch nicht von Pappe.« ⇨ bütten.

Paprika, [mask., –s, –s, lat.-serb.-ungar.] über den könnte man so manche ⇨ Schote erzählen.

Papst, [mask., –es, Päpste] mit ihm ist nicht gut ⇨ Kirchen essen. Sein Kardinalfehler: Dadurch, dass er die Bevölkerungsexplosion unterstützt (⇨ Paris), erteilt er indirekt der Abholzung des Regenwaldes seinen Laubsägen; ⇨ Waldsterben.

Paradies, [neutr., –es, –e, pers.-griech.-lat.] *Gott:* »Genesis, so lange du kannst.« ⇨ *Adam:* »Haste noch mal 'n paar Radies?« ⇨ Adam.

Paralympics, [Plur., engl.] hier kriegt das Lähmen wieder einen Sinn; ⇨ Goldbarren.

Paris, [neutr., –s] größter Feind der männlichen Bewohner der Stadt an der ⇨ Sehne: der ⇨ Papst.

Parksünder, [mask., –s, –] Paare, die sich in Grünanlagen lieben – und das ohne Trauschein! ⇨ Petting.

Parodies, [neutr., –es, –e, pers.-griech.-lat.] Himmelreich für abspöttisch geliebte Satiriker; ⇨ Wortspiel.

Parodiesvogel, [mask., –s, –vögel, pers.-griech.-lat.-deutsch] anderer Name für die Spottdrossel, die ja zu den Satieren gerechnet wird; ⇨ Drosselklappe.

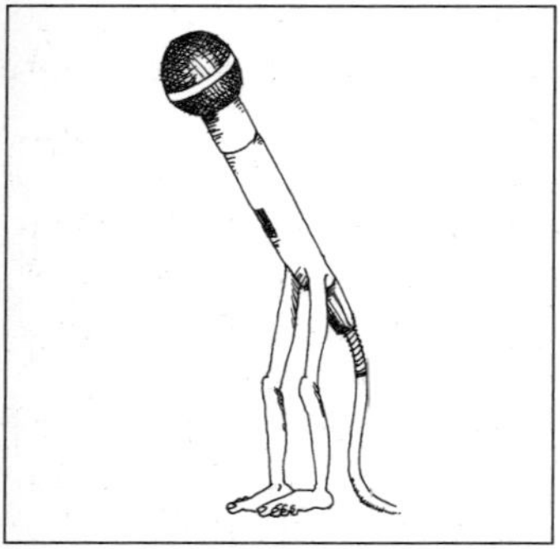

Mikro-Organismus

Partizip, [neutr., –s, –ien, lat.] *Frage:* »Ist z.B. ›laufend‹ eigentlich ein Adjektiv?« *Radio Eriwan antwortet:* »Im Partizip ja, aber … « ⇨ verbalhornen.

Partizipation, [fem., –, –en, lat.] sich etwas zum ⇨ Partizip erheben.

Paschagierschiff, [neutr., –es, –e, türk.-lat.-ital.-franz.-deutsch] Boot für Machos; ⇨ Mackeroni.

Pass, [mask., –es, Pässe, lat.-franz.] ohne Pass kommt man nicht über die Alpen; außerdem: Warum schreiben wir nicht mehr »Paß« – das macht keinen Spass. Warum diese neue Paß-Form? ⇨ Rechtschreibung.

Passepartout, [neutr., –s, –s, franz.] wenn man meint, eine Grafik passe partout nicht in einen Rahmen, nimmt man ein Passepartout; ⇨ Rahmenhandlung.

Pasteur, Louis, * Dole, 27. Dez. 1822, † Villeneuve-l'Etang, 28. Sept. 1895, ging den Mikro-Organismen (⇨ *Abb.*) auf den Keim. Seine Methoden galten als ziemlich ausgekocht, Motto: »Trau keim über 30!«

Pazifismus, [mask., –, lat.-franz.] krankhafte Neigung zur Ozeanographie; ⇨ Kontinentaldrift.

Pechter, [mask., –s, –] Mieter mit wenig Fortüne; ⇨ Mietleid.

Pedal, [neutr., –s, –e, plattd.] eines der wenigen Fremdwörter aus dem Plattdeutschen. *Pää daal* wörtlich: Tritt runter; ⇨ plattmachen.

Peepshow, [fem., –, –s, engl.] wer bloß in einer Peepshow arbeitet, hat einen angesehenen Beruf; ⇨ betucht.

Peking-Ente, [fem., –, –n] Falschmeldung in einer chinesischen Zei-Tung; ⇨ *Abb.*

Pelzmantel, [mask., –s, –mäntel] nie war er so wertvoll wie häute, das heißt aber nicht, dass er gleich jedem gefellt. Die Aufzucht von Pelzmänteln ist zum einen mäntal eine Herausforderung (wegen der vielen nerzhaften Bemerkungen, die man zu hören bekommt) und erfordert zum anderen nach dem neuen Mantel-Tarifvertrag einen hohen finanziellen Einsatz, weil sehr viel Futter gebraucht wird. Aber, wie sagt der Franzose etwas platt: Denn manteau! ⇨ Winterjäcken.

Pencilvania, [neutr., –s] Staat in den USA, führend in der Bleistiftbranche; ⇨ Arterie.

Peniscillin, [neutr., –s, eingetr. Wz., lat.] neuartiges Potenzmittel, ein Ergebnis steht-er Forschung; ⇨ allein stehend.

Peking-Ente
(frei übersetzt: »Elvis lebt«)

Penis Night, [fem., –, –s, lat.-engl.] seit Jahren von Disko-Besuchern geforderte Alternative zur Ladies' Night; ⇨ Neid-Club.

per [lat.] ⇨ se.

Perücke, [fem., –, –n, franz.] Vorsicht beim Kauf: Nicht gleich jede Gelegenheit beim Schopf packen! ⇨ Glatzenbildung.

Perversil, [neutr., –s, eingetr. Wz.] Waschmittel für abnorm Veranlagte; ⇨ Peter Rast.

Petting [neutr., –s, engl.] sich abwichselnd einen runterholen; ⇨ onanieren.

Pfeffermünze, [fem., –, –n] das war früher mal eine Währung, die sich gesalzen hatte. Heute ist sie keinen Pfefferling mehr wert; ⇨ Neuro.

Pfennigabsatz, [mask., –es, –sätze] Pfennigabsätze hinterlassen einen bleibenden Eindruck – besonders auf Parkettfußböden; ⇨ Schuh.

Pferd, [neutr., –es, –e] a) Pferde sind wegen ihres zügellosen Verhaltens schwer im Zaum zu halten. Oft sind sie aber besser als ihr Huf und sie gelten zudem als beschlagen; ⇨ Biss. b) ⇨ Tipp für den Pferdekauf: Kaum Aussicht auf Erfolg hat man mit einem ungedeckten Schecken; ⇨ Schimmel.

Pflasterstein, [mask., –s, –e] wenn sich die Kids im Paläolithikum mal wieder die ⇨ Finger zerkloppt hatten, kam schnell Mami mit einem Pflasterstein zur Wundbehandlung – das war auch finanziell kein Problem, denn die Leute in der Steinzeit hatten sowieso jede Menge Schotter; ⇨ *Abb.*

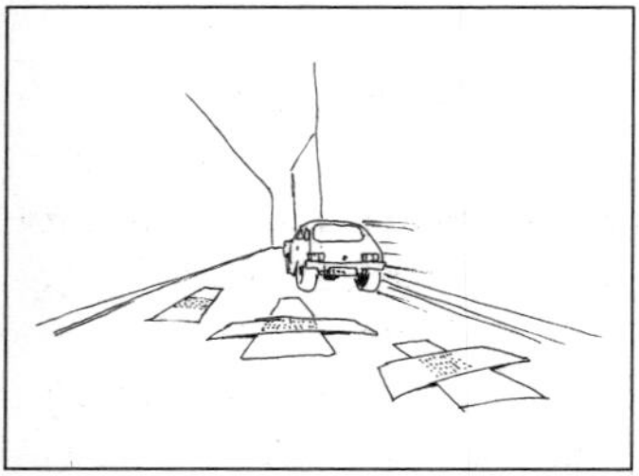

Straßenpflaster

Pflug der Pharaonen, [mask., –s] der furchbare Pflug der Pharaonen hat schon manchen um die Egge gebracht – dem ist wohl nichts hinzuzupflügen; ⇨ Fluchzeug.

Pfundbüro, [neutr., –s, –s, deutsch-franz.] englische Bank; ⇨ Geld.

Phallschirm, [mask., –s, –e, griech.-lat.-deutsch] Präservativ für aufgeblasene Typen; ⇨ Schutzgebühr.

Phallsucht, [fem., –, –en, griech.-lat.-deutsch] extreme Form der Nymphomanie.

Philosophie, [fem., –, –n, griech.-lat.] alles in Begriffen; ⇨ Vieh.

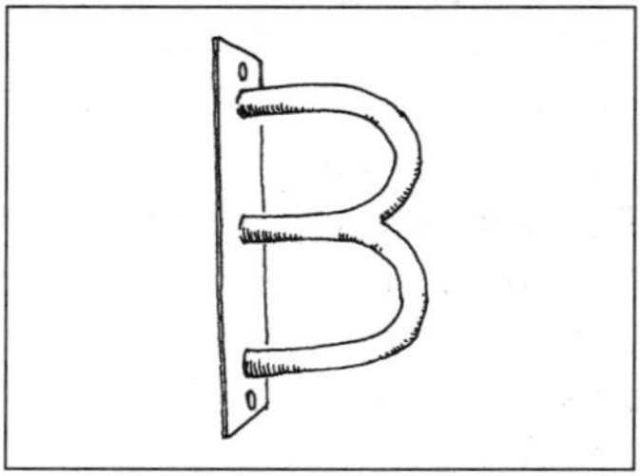

Fassbarer B-Griff
(Wer bzw. was kann das B deuten?)

Phorik, Meta, * St. Anna/Logie 31. Nov. 1941, ist bekannt für ihren assozialen Sprachstil; ⇨ Liter-Rat.

pH-Wert, [mask., –es, –e, lat.-dt.] Qualitätsskala für pädagogische Hochschulen; ⇨ Vollbreit-Stipendium.

Picknick, [neutr., –s, –e, franz.-engl.] bei einem Picknick stellt man am besten alles in den Schatten; ⇨ Konservendose.

Piep-Show, [fem., –, –s, plattd.-engl.] Pfeifenausstellung. Pfeifen gibt es ja genug; ⇨ Vormund-Schaft.

Pilz, [mask., –es, –e] bevor ein Pilz als unumstrittener Champion funghiren kann, muss er sich erst einmal seine Sporen verdienen; ⇨ Pilzsuppe.

Pilzsuppe, [fem., –, –n] das Rezept ist sehr einfach: Man lasse eine beliebige Suppe ein paar Tage stehen – fertig ist die Pilzsuppe; ⇨ Rezeptor.

Pimmelfahrt, [fem., –, –en] *anderer Name für* Herrentag; ⇨ Jesus.

pink, [Adj., engl.] eine Farbe, die nicht jeden erfloyd; ⇨ Blaupause.

Pinneberg, [neutr., –s] verfügt über das größte Ruderstangen-Lager der Welt; ⇨ Ruder.

Pinsel, [mask., –s, –] Streichinstrument; ⇨ Violine.

Pipi, [von griechisch $\pi\pi$] griechische Buchstaben zu lesen (bzw. zu machen) ist bisweilen etwas µsam; ⇨ Radio.

Planet, [mask., –en, –en, griech.-lat.] über die ⇨ Bahn dieser himmlischen Körper sind immer wieder Gerüchte im Umlauf; ⇨ Mars.

Planwagen, [mask., –s, –, lat.-franz.-deutsch] »Nächstes Jahr kaufe ich mir einen Mercedes™ 600.« ⇨ Autogram.

Plattenproduzent, [mask., –en, –en, deutsch-lat.] z.B. eine Heftzwecke auf dem Fahrradweg (sog. Heftzweckentfremdung); ⇨ *Abb.*

Plattenproduzenten

plattmachen, [trans. Vb.] *kurz für* ins Niederdeutsche übertragen; ⇨ Chlor.

Playboy, [mask., –s, –s, engl.] ist nur auf Gelendegewinn aus und hat ständig ein Bett vorm Kopf; ⇨ Gen-Boy.

Plön, [neutr., –s] schleswig-holsteinisches Städtchen mit vielen Seenswürdigkeiten; ⇨ Malente.

Po, Edgar Allen, * Boston 19. Jan. 1809, † Baltimore 7. Okt. 1849, arscheinlich einer der größten hinternationalen ⇨ Dichter.

Pode, Petra, * Westerland/Appetitsylt 1. April 1951, Buhnenstar, steht mit drei Beinen fest im ⇨ Lehm.

Pogo, [mask., –s, engl.] *Kurzwort*

für der springende Punk; ⇨ Sex Pistols.

Polderabend, [mask., –s, –e, niederl.-deutsch] Festlichkeit in Holland.

Polen-Allergie [fem., –, –n, deutsch-griechisch] ⇨ Braunschweig.

Polizistenwärme, [fem., –, griech.-lat.-deutsch] *gehoben für* Bullenhitze; ⇨ Schutzmann.

Polygamie, [fem., –, griech.] viele Berichte über angebliche Vielehen sind am Harem herbeigezogen; ⇨ Bigamist.

Pomade, [fem., –, –n] rektales Ungeziefer; ⇨ Furz.

Pommerranzen, [mask., –s, –] polnische Schultasche; ⇨ Ranzen.

Porzellanmanufraktur, [fem., –, –en, lat.-ital.] so mancher Ehestreit endet in einer Porzellanmanufraktur, über die Intensität des Streits entscheidet der so genannte Klirrfaktor.

Poseidon, [mask., –] war immer auf Zack – eine ⇨ Gabel Gottes.

Postmoderne, [fem., –, lat.-ital.] Innovation im Briefverkehr, der ja gegenüber dem Telefonsex stark an Beliebtheit hat einbüßen müssen; ⇨ T-Aktie.

Power, [fem., –, engl.] die Power wurde Ende der 60er immer flower; ⇨ Knaur™.

präfix, [Adj., lat.] *wörtlich:* vorschnell.

prämortal, [Adj., lat.] *philosophisch für* postnatal; ⇨ tot.

Präposition, [fem., –, –en, lat.] sprichwörtlich: Präposition kommt vor dem Fall; ⇨ Durch-Fall.

präsi-dent, [eingetr. Wz., lat.-franz.] Zahncreme für leitende Politiker; ⇨ Heine Mann.

Preis, [mask., –es, –e] Preise gelten als äußerst sensible Wesen. Das ist eigentlich auch kein Wunder, denn zu Recht fühlen sie sich zum ⇨ Sommer- und Winterschlussverkauf herabgesetzt. Zudem werden die hart arbeitenden Preisträger von gnadenlosen Preistreibern zu immer besseren Preis-Leistungsverhältnissen angetrieben. Die Freizeit vertreiben sich die Preise mit Preiskegeln und Preisskat, Reisen sind wegen der Preisgrenze ja nur bedingt möglich und wegen des starken Preisgefälles auch viel zu gefährlich. Interessant die Preispolitik: An der Spitze das preisgekrönte Oberhaupt (der sogenannte erste Preis), das

Ladenpreis

Rechtswesen ist in der Hand von Preisrichtern und die Polizei führt strenge Preiskontrollen durch. Im Bereich der ⇨ Musik reicht die Preisspanne von klassischen Preisliedern bis zu kultigen Preisschlagern. Verfall der Sitten: Seit dem Einheitspreis (⇨ Ostpreis) in Rotlichtbezirken oft Anschaffungspreise. Durch erhöhten Konsum von ⇨ Bier und ⇨ Alkohol vielfach Preisbrecher; ⇨ *Abb.*

Preisaufschlag, [mask., –s, –schläge] *Tennissprache für* Beginn eines hochdotierten Matches, schließlich geht's hier um die Serve-Latwurst; ⇨ *Abb.*

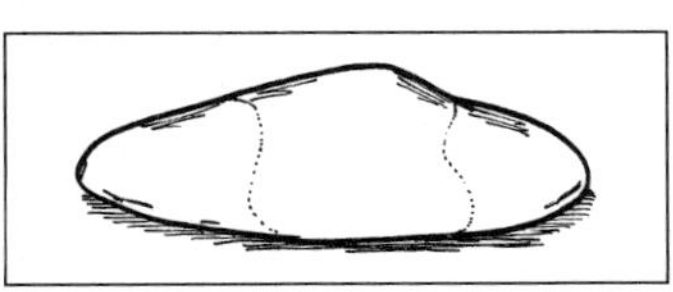

Matschball

Printer, [mask., –s, –] a) [lat.-franz.-niederl.] Hersteller von Printen; b) [lat.-engl.] Ausdruck aus der ⇨ Computer-Fachsprache.

Probstei, [neutr., –s, –er, lat.-dt.] Körperteil eines Chefgeistlichen an der ⇨ Ostsee-Küste, der massiv dem Zölibat entgegenwirkt und so zuweilen sogenannte Pfarrerflucht auslöst; ⇨ Kirche.

Profi-Lachse, [Plur., lat.-engl.-dt.] Edelfische dorsch und dorsch, nicht für den Amateur geeignet (Strafe bei Missachtung: Amateurhaft); ⇨ Fisch.

Prolet, [mask., –en, –en, lat.] der Prolet gilt nichts in seinem Vaterlande; ⇨ betteln.

Pro-Peller, [mask., –s, –, lat.-dt.] Pro-Peller setzen sich engagiert für Bellkartoffeln ein und haben so schon unschäligen ⇨ Knöllchen das Leben gerettet; ⇨ Bellkartoffel.

Prophet, [mask., –en, –en, griech.-lat.] die meisten Witze über Gesichtspullover von Propheten haben einen ziemlich langen Bart. Übrigens sind die meisten Propheten Nichtraucher, denn der wahre Prophet gilbt nichts in seinem Vaterlande; ⇨ Mohammed.

Produkt aus einem Pumpwerk

Prositivismus, [mask., –, lateinisch] *bierokratisch für* Alkoholismus (Bierokratie); ⇨ zuprosten.

Prostituierte, [fem., –n, –n, lat.-franz.] ist viel unter Leuten; ⇨ Auspuff.

Pseudo-Krupp, [eingetr. Wz., griechisch-englisch] Scheinfirma in der Schwermetallindustrie (»⇨ Watt Krupp™ in Essen datt sind wir in Trinken.«); ⇨ Köln-Flocken.

Psycho-Loge, [fem., –, –n, griech.-lat.-franz.-engl.] hier sitzt die Seele in der ersten Reihe (meistens auf einer Couch); ⇨ Otto Mane.

Pullover-Piercing, [neutr., –s, engl.] Graf Mountbutton verwendete als erster diesen Ansteckschmuck; ⇨ Orden.

Pumperkupfer, [neutr., –s] zählt zu den wichtigsten Pumpermetallen (neben Pumpereisen und Pumpernickel); ⇨ Kar-Nickel.

Pumpwerk, [neutr., –s, –e] a) geliehene Fabrik; b) [engl.-deutsch] Fabrik für hochhackige ⇨ Schuhe; ⇨ *Abb.*

Pun, [neutr., –s, –s, engl.] englisch für ⇨ Wortspiel; aus der Kfz-Branche also z.B.: Auto-Pun (»Ich hab mir meinen ADA-Zeh™ verstaucht.«) ⇨ Autogram.

Pupille, [fem., –, –n, lat.] liderliches Dragee; ⇨ Lid.

Puppe, [fem., –, –n, lat.] in Sekt ’n Kind; ⇨ Schmetterling.

Purzelbaum, [mask., –es, –bäume] ⇨ *Abb.*

Purzelbaum

Q

Q-Bismus, [mask., –, griech.-lat.] ⇨ *Abb.*

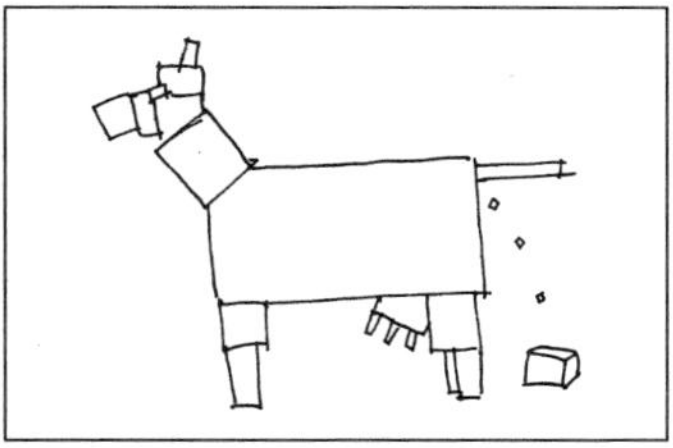

Kuhbismus

Q-Tipps, [Plur., deutsch-engl.] wenn ⇨ Rinder sich Ratschläge geben (⇨ V); z.B. »Wir zitzen alle in einem Boot, und wenn wir nicht verhungern wollen, müssen wir ins Gras beißen.« ⇨ Kalb.

Qualle, [fem., –, –n] quällt sich unter qualltigen Höllenquallen durchs Wasser – armes Ding, das.

Quariat, [neutr., –s, –e, lat.] Geschäft, in dem neue Bücher verkauft werden; *Gegenteil von* Antiquariat.

Quark, [mask., –s] gehört – allen Unkenrufen zum Trotz – zu den bekanntesten und beliebtesten Nachspeisen (nach einer repräsentativen Umfrage unter Fröschen); ⇨ Froschkönig.

Quartett, [neutr., –s, –e, lateinisch-italienisch] vier Musiker auf einen Streich. Sie nutzen jede ganze Pause zum Kartenspielen. Das ist ja auch besser, als ständig Terz zu machen; ⇨ Musik.

Quellenangabe, [fem., –, –n] z.B.: Die Elbe entspringt im südlichen Riesengebirge; ⇨ LB.

Querverwaise, [fem., –, –n] führt ins ⇨ Leere.

Querverweis, [mask., –es, –e] wer in einem Wörterbuch die ausgepfeilten Wortsticheleien nicht verstanden hat, bekommt einen Verweis mit ⇨ Feilen oder kleinen Veilchen; ⇨ Intertextualität.

Queuenigswasser, [neutr., –s, lat.-franz.-deutsch] beliebtes Erfrischungsgetränk bei Billard-Spielern (auch wenn es manchem sauer aufstößt); ⇨ Bill Yard.

Quotenregelung, [fem., –, –en, lat.-deutsch] wenn damals ein Edgar-Wallace-Film im ⇨ Fernsehen lief, übernahm der sogar das Straßenfegen; derart lassen sich zu Zeiten des Privatfernsehens die Quoten aber nicht mehr regeln.

R

rabbiat, [Adj., hebr.-griech.-lat] übertrieben zionistisch; ⇨ Halluzionogen.

Rabe, [mask., –n, –n] krähativer Vogel; ⇨ Star.

Rächenbuch, [neutr., –es, –bücher] Notizheft für Vendetta-Freaks (⇨ Blutlache). Ist ja auch ungerächt, wenn die immer nur uns umlegen.

Rack, Arno, * Yukon (Alaska) 21. Dez. 1912, Erfinder der Windjacke; ⇨ Winterjäcken.

Rad, [neutr., –es, Räder] die Erfindung des Rades blieb für die Geschichte der Menschheit nicht ohne Felgen: Ein gutes Rad ist teuer; ⇨ Speichenlecker.

Radar, [mask., –s, –e, engl.-amerik.] mit anderen orten: Man hat gern gemeinschaftlich die Peilung.

Radio, [neutr., –s, –s, lat.-engl.-amerik.] ⇨ Pipi stellte in ihren Kreisen mit Radios umfangreiche Berechnungen an; ⇨ Sekante.

Radlager, [neutr., –s, –] ⇨ *Abb.*

Radlager

Raffgier, [fem., –] *jugendsprachlich für* Wissensdurst.

Rahmenhandlung, [fem., –, –en] beim Handel mit Rahmen kann man kräftig absahnen, zumal viele ⇨ Liter-Raten zum Kundenkreis gehören; ⇨ *Abb.*

Rahmenhandlung

Raketentriebwerk, [neutr., –s, –e, ital.-deutsch] kauft man am besten in einem Schubladen; ⇨ Schlittenkufe.

Raketenstutzpunkt, [mask., –s, –e, ital.-deutsch] führt zum Abbruch des Count-downs; ⇨ Militärbasen.

Ramadan, [mask., –s, arab.-türk.] *Frage:* »Was genau eigentlich ist der Ramadan und wie lange dauert er so?« *Antwort:* »Fast'n Monat.« ⇨ Muezzin.

Rand, [mask., –es, Ränder] den hielt man am besten in Südafrika zur Zeit der Apartheid; ⇨ Sagenhaft.

Ranzen, [mask., –s, –] wegen des Geruchs der vielen nicht aufgegessenen Butterbrote so genannte Schultasche; ⇨ Pommerranzen.

Rappe, [mask., –n, –n] hat trotz seines Namens von Hipp-Hopp oft keinen blassen ⇨ Schimmel.

rappen, [intrans. Vb., engl.] so richtig ⇨ frank und frei können das eigentlich nur die Schweizer; ⇨ Schweiz.

Rapunzel, [fem., –] alles hatte seine Ordnung, bis ein Jüngling ihr den Zopf verdreht hat – was übrigens verwundert, da sie nicht nur in haarigen Angelegenheiten als herablassend galt; ⇨ Märchen.

Rasen, [mask., –s, –] hier ausführlich über Bewässerungstechniken (»Wie bringe ich Wasser zum Rasen?«) zu berichten (man gilt auch schnell als besserwässerisch) würde den Rahmen dieses Buches sprengen; ⇨ Garten.

Rasiergummi, [mask., –s, –s, lat.-franz.-niederl.-griech.] endlich ist Schluss mit Verletzungen beim Abscheren der Körperbehaarung; ⇨ Barträger.

Rast, Peter, * Schendendorf (Belgien) 15.9.36, wurde bekannt durch die Verfilmung des Klassikers »Onkel Toms Lütte«; ⇨ Komet.

Rathaus, [neutr., –es, –häuser] hier wird einem mancher gut Gemeinderat erteilt; ⇨ Bürgerking.

Ratzeburg, [neutr., –s] typische Schlafstadt; ⇨ Liegen.

Rau, Johannes, * Wuppertal 16. Jan. 1931, Erfinder der gleichnamigen Fasertapete; ⇨ Gerhard Schröder.

Raucher, [mask., –s, –] a) haben von der Gefährlichkeit des Qualmens häufig keinen blauen Dunst; b) viele fragen sich, warum Raucher häufig viel netter und geselliger als Nichtraucher sind. Die Erklärung ist: Raucher haben normalerweise einfach mehr ⇨ Feuer.

Rauptier, [neutr., –s, –e] *anderer Name für* ⇨ Schmetterling.

Raureif, [mask., –s, –en] unbearbeiteter Schmuckring, gut Ring will Weile haben; ⇨ Broschüre.

Rausschmeißer, [mask., –s, –] Mitglied im Türschutzverein.

Rebensversicherung, [fem., –, –en] momentan noch etwas unausgegorener Plan für die Altersabsicherung von ⇨ Winzern.

Rechenheft, [neutr., –s, –e] hier wird alles *hark*lein aufgeschrieben; ⇨ *Abb.*

Rechenschaft
(Pfeil)

Rechtschreibung, [fem., –] Rechtsprechung in schriftlicher Form; ⇨ Otto Graphie.

Reckturnen, [neutr., –s] äußerst schwieliger Sport; ⇨ Goldbarren.

reclamieren, [trans. Vb., lat.] das kann man natürlich bei Büchern machen, aber die Buchhändler werden dann meist überaus roh™ roh™ roh™; ⇨ Knaur™.

recyceln, [trans. Vb., engl.] man raspelt z.B. Altplastik in kleine Stücke, um es wieder zu verwerten. Zu dieser ⇨ Entwicklung kann man nur recht herzlich granulieren; ⇨ Gelbe Tonne.

recycling-fähig, [Adj., engl.-dt.] da gibt es so viele Sachen, man muss nur wollen. Aus dem Bereich der Musikinstrumente haben wir da die gute alte Pfandleier; denken wir an Fortbewegungsmittel, fällt uns gleich die Retour-Kutsche ein; ⇨ Elepfand.

Redegewand, [neutr., –es, –wänder] Dress für Speech-Boys.

reden, [intrans. Vb.] Reden ist Schweigen und ⇨ Silber ist ⇨ Gold (*zinnbildlich,* irgendwo abgekupfert); ⇨ Pumperkupfer.

Redundanz, [fem., –, –en, lat.] z.B. Oberschenkelhals- und Beinbruch oder ⇨ Kohlepfennig; ⇨ Hendiadyoin.

Reetdach, [neutr., –s, –dächer] bezahlt man besser nicht mit einem ungedeckten Scheck, damit nicht alles durcheinandergereet; ⇨ Hauskauf.

Reggaerung, [fem., –, –en, amerik.-deutsch] Staatsführung in Jamaika. Die Kabinettsmitglieder werden übrigens nicht gewählt, sondern bei einem Ska-Turnier ermittelt (so genannte Rasta-Fahndung); ⇨ Bäcker.

Rehling, [fem., –, –s] Geländer im Wildpark; Baumaterial: Wildbrett; ⇨ Holz.

Reibungslos, [neutr., –es, –e] Begriff aus der Lotto-Werbung, irgendwie nietlich; ⇨ Lotterie-Normenkonferenz.

Reich, Frank, * Verdun 843, sein Wahlspruch: Nîmes' leicht! Erst marseillen, was Alès noch auf uns zucompte; ⇨ Paris.

Reich, Marcel, * Wloclawek 2. Juni 1920, von ihm wird so manchem Autor gehörig der Ranicki-Marsch geblasen.

Reifenwechsel, [mask., –s, –] eine Arbeit, die ganz schön schlaucht. Bei professionellen Rennfahrern ist das aber kein Problem: Der Fahrer fährt kurz rechts ran und kriegt, damit er nicht einschläft, kräftig ein paar gelangt (sog. Boxenstopp) und die Helfer legen dem Reifen einen neuen Mantel an; bei feuchter Witterung gibt es einen Regenmantel, bei Schneefall einen Wintermantel, den man auch noch hübsch mit einer Schneekette verzieren kann. Noch ein ⇨ Tipp: Reifen niemals auf Pump kaufen! ⇨ *Abb.*

Riesenrad (r.)

Reiher, [mask., –s, –] so beurteilen die Reiher ⇨ Fische als Nahrungsmittel: »Wenn du se nicht magst, Speise wieder aus!« Aber erst mal alles der Reiher nach: Auf der Suche nach Nahrung liefern sich die Reiher meist ein Kropf-an-Kropf-Rennen, denn wer es nicht im Kropf hat, muss es in den Beinen haben. Anzugsordnung bei diesen Veranstaltungen: Zweireiher (⇨ *Abb.*). Erst wenn alle den Kropf voll haben, geht das große Reihern unter der Schirmherrschaft eines adligen Reiherrn los; ⇨ Vogel.

Zweireiher

Reim, [mask., –s, –e] Dichtungsmaterial; ⇨ Vers-Tand.

Reinheitsgebot, [neutr., –s] erstmalz, bzw. zum gersten Mal konnte der Bierbrauer 1516 darauf hopfen zu erfahren, wasser in sein ⇨ Bier reintun darf; ⇨ Bieromanie.

Reinigungsbenzin, [neutr., –s] ist sehr flecksibel; ⇨ stadtfinden.

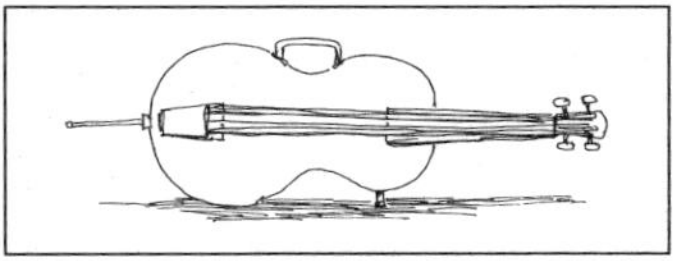

Reisebass

Reisebass, [mask., –es, –bässe] einersaits nicht besonders vielsaitiges, anderersaits aber um so praktischeres Instrument (⇨ *Abb.*); ⇨ Bassismus.

Reis-Leistungs-Verhältnis, [neutr., –ses, –se] Entlohnungsgrundlage für asiatische Landarbeiter; ⇨ Chinah.

Reiswein, [mask., –s, –e] »Dieser Reiswein schmecht ganz gut, nicht?« – »Naja, Ansichtssake.« ⇨ Weinkeller.

Reizverschluss, [mask., –es, –schlüsse] *scherzhaft für* Keuschheitsgürtel; ⇨ Damverschluss.

Rente, [fem., –, –n, lateinisch-französisch] der Sinn des Klebens; ⇨ Uhu.

Rentnerschwämme, [Plur., lat.-franz.] wirbellose Tiere im Ruhestand; ⇨ Rosettenmeerschweinchen.

Rettich, [mask., –s, –e] »Rettich oder rettich nicht? Meerrettich ich heute eh nich.« (Selbstgespräch eines vegetarischen Mitglieds der DLRG); ⇨ Vegetarier.

Revolver, [mask., –s, –, lat.-franz.-engl.] Vorsicht beim Revolver-Kauf: Es ist nicht alles Colt™ (⇨ *Abb.*), was glänzt! ⇨ treffen.

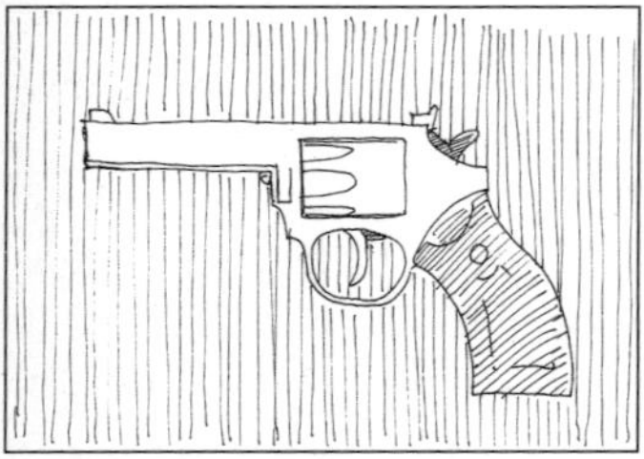

Es ist nicht alles Colt™, was glänzt

Rezeptor, [mask., –s, –en, lat.] Kochbuch-Autor; ⇨ Kochplatte.

Rheinland-Falz, [fem., –, –en] kannst ⇨ du knicken, obschon man da von Falz zu Falz entscheiden sollte, alles andere wären Zufalztreffer. Höchster Feiertag in diesem ⇨ Landstrich ist das so genannte Verfalzdatum.; ⇨ Wiesbaden.

Richards, Kies, * Dartford (Kent) 18. Dez. 1943, bei dem Vornamen ist es nicht weiter verwunderlich, dass er bei den Rollenden Steinen™ spielt. Ansonsten hängt er viel auf dem Großen Barré-Riff herum; ⇨ Fanbedienung.

Richter, [mask., –s, –] »Mein Hund hat keine ⇨ Nase.« – »Wie richter denn dann?« – »Schrecklich.« ⇨ anrichten.

Riese, Adam, * Staffelstein 1492, † Annaberg 30. März 1559, schrieb irgendwann einmal ein sehr zwerghaftes ⇨ Rächenbuch, ist aber längst über alle Zwerge; ⇨ wichtig.

Riesling, [mask., –s, –e] großer Zwerg, *Gegenteil von* ⇨ Winzer.

Rind, [neutr., –es, –er] treten meist auf der Ställe, trotzdem sind sie einem mit ihrer ⇨ Kuhrage auf den Färsen; ⇨ Cow-Kasus.

Rindenwahnsinn, [mask., –s] »Borkst du mir mal etwas Rinde?«; ⇨ Birke.

Rine, Marga, * Langeland 31. Juni 1919, erste ⇨ Frau, die die große Butterfahrt wagte.

Rittersporn, [mask., –s, –e] das Leben der Ritter wurde dadurch er*schwert*, dass sich ihre Helfer (die mit den *knappen* Höschen) einen faulen *Lanz* machten, außerdem hatten sie nicht viel ⇨ Geld: Also musste ein Ritter sporn, wo er konnte; ⇨ Artus.

Rockaufschlag, [mask., –s, –schläge] Service beim Damen-Tennis; ⇨ Preisaufschlag.

Rogenabhängigkeit, [fem., –, –en] Suchtkrankheit bei ⇨ Fischen; ⇨ Abhängigkeit.

Roggen-Roller, [mask., –s, –]

landwirtschaftlicher Akkordarbeiter, bevorzugte Arbeitskleidung: Country-Bluesen; ⇨ G7-Gipfel.

Rohdeo, [mask., –s, deutsch-lat.-engl.] Grundstoff zur Anti-Transpirant-Herstellung; ⇨ A-xel Nässe.

Rohling, [mask., –s, –e] besonders militanter Fan der Stones™; ⇨ Kies Richards.

Rohrleger, [mask., –s, –] die Jungs haben nur Lötsinn im Kopf, deshalb lassen sie auch manchmal einfach ein paar Muffen sausen; ⇨ Reim.

Rökk, Marika, * Kairo 3. Nov. 1913, irgendwann ging auch ihr die Pußta aus, aber sie nahm diesen Rökkstoß gelassen, da sie eine Rökkversicherung abgeschlossen hatte.

Rollenspiel, [neutr., –s, –e] Turnier für Inline-Skater; ⇨ Inline-Skating.

Roman-Tisch, [mask., –es, –e, lat.-franz.-deutsch] Möbelstück für ⇨ Schriftsteller.

Römer, [Plur.] kann man nicht alle in einen Topf werfen; ⇨ CD-Rom.

Röntgen, W.C., * Lennep 27. März 1845, † München 10. Feb. 1923, da können wir aber froh sein, dass Seine Durchleucht nicht z.B. Müller (»Heute schon gemüllert worden?«) hieß.

Roschen, G., * Tsehn-Fännich 31. Sept. 1941, Romanautor. G.-Roschen-Romane zeichnen sich durch ein gutes Preis-Leistungs-Verhältnis aus, nicht zuletzt deshalb, weil man sie eben courths mahl durchlesen kann; ⇨ Heinz Günther Konsalik.

Rose, [fem., –, –n, lat.] viele Unterarten, z.B. Mat-Rosen und in jungerer Zeit auch Neu-Rosen; ⇨ Freud.

Rosettenmeerschweinchen, [neutr., –s, –, lat.-franz.-deutsch] Wirbeltier.

Rost, [mask., –s] Reden ist Eisen und der Rost ist Schweigen; ⇨ Fe-Tisch.

Rostock, [neutr., –s] wurde nicht Hauptstadt von Mecklenburg-Vorpommern. Einige fanden das Schwerin Ordnung, andere Waren dagegen; ⇨ Rügen.

Rothaarier, [mask., –s, –] Bewohner des Rothaargebirges.

Rottweiler, [mask., –s, –] a) modernde ländliche Siedlung; b) bekannt für seinen beißenden Humor (»Ich beiße, bissig ins Gras beiße.«), er macht gern mal ein Schnäppchen; unser ⇨ Tipp: Halte Schnauzer! ⇨ Collier.

rot-weiß Essen, [neutr., –s, –] *scherzhaft für* Pommes mit Ketschup und Majonäse; ⇨ Fast Food.

Rotzphase, [fem., –, –n, dt.-griech.-franz.] *entwicklungspsychologisch für* Stadium höchstgradiger Verschnupftheit; ⇨ Nasebohren.

Rübe, [fem., –, –n] im Dunkeln ist gut runkeln. Kein Grund, Rübsal zu ⇨ blasen, solange der Rübel rollt.

Rubens, Peter Paul, * Siegen 28. Juni 1577, † Antwerpen 30. Mai 1640, Spezialist für einladende ausladende Formen; ⇨ Maler.

Rücktritt, [mask., –s, –e] böser Knuff in den Rücken, als Schutz ist lediglich eine Rücktrittbremse zu empfehlen.

Ruder, [neutr., –s, –] »Wo ist denn dein Ruder, Abel?« – »O Gott, das ist weg und da habe ich Kains mal geliehen.« – »⇨ Mensch, du Döspaddel (⇨ *Abb.*)!« ⇨ Paradies.

Ruderboot, [neutr., –s, –e] kleines Schiff mit Riemenantrieb – das sollte uns allen eine Galehre sein, ⇨ Pinneberg.

Rügen, [neutr., –s] Insel ohne ⇨ Tadel.

Ruhrgebiet, [neutr., –s, –] Gegend mit stark erhöhter Durchfall-Wahrscheinlichkeit. Zu viel Essen (⇨ Pseudo-Krupp) ist eben nicht gesund.

Rülps, [Interj.] verdauliche Mitteilung; ⇨ Furz.

rumhengen, [intrans. Vb.] alte Stutenweisheit: Du wirst nie glücklich, wenn du immer nur mit einem Wallach rumhengst; ⇨ Gestüt.

Rus, Ute, * Geberosibirsk (Rusland) 31. Sept. 1938, leistete fruchtbare Beiträge zur Entwicklung der Gebärdensprache; ⇨ Hebammer.

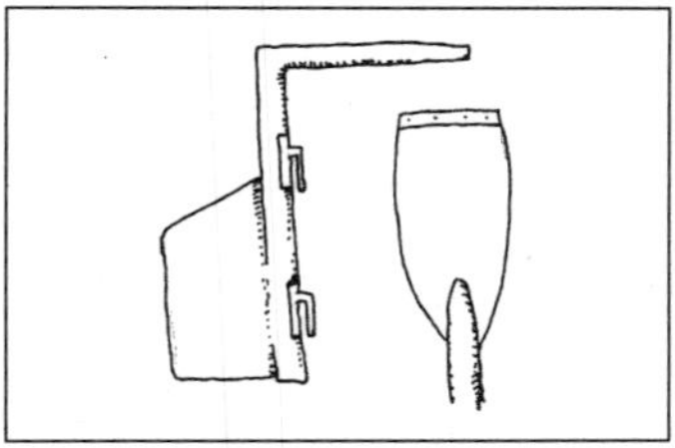

Dösruder und -paddel (v.l.n.r.)

Russland, [neutr., –s] bekannt für häufigen Regierungswechsel, ⇨ typisches Beispiel für Politikverdrussenheit: »Ich will nicht mehr, regier Duma!«

Rüttelscheim, [mask., –s, –e] zum Beispiel »Trink ich noch mehr von diesem schwarzen Wein, werd ich ganz schnell zum Warzenschwein.« ⇨ Reim.

S

Sack, [mask., –es, Säcke] der Weihnachtsmann hat einen so großen Sack, weil er nur einmal im Jahr kommt; ⇨ Alles Jute.

Sagenhaft, [fem., –] Strafe für das ⇨ Brechen eines Schweigegelübdes; ⇨ reden.

Sahara, [fem., –] »Warum heißt die eigentlich so?« – »Tja, wenn ich das wüste!« ⇨ Wüstebeschimpfung.

Sahnehaube

Sahnehaube, [fem., –, –n] besonders gelungener Kopfputz einer ⇨ Nonne; ⇨ *Abb.*

Sailsorger, [mask., –s, –, engl.-dt.] Schiffsgeistlicher; ⇨ Bootschaft.

Saite, [fem., –, –n] Achtung: Saiten können manchmal sehr gerissen sein; ⇨ Vogel.

Salzstange, [fem., –, –n] immer nur Salzstangen essen – das ist auch kein Zuckerschlecken; ⇨ Zucker.

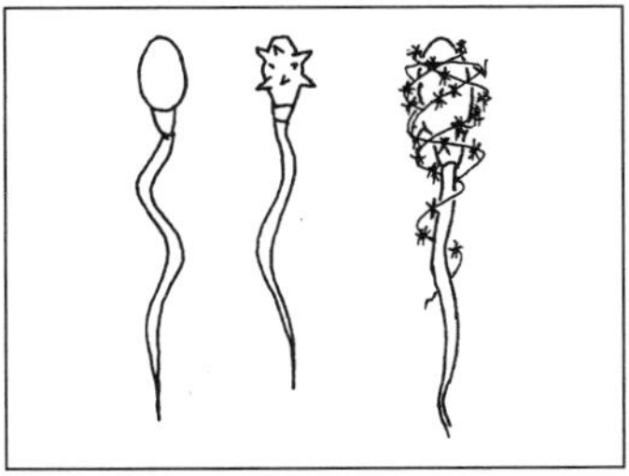

Beispiele von Ein-, Gemein- und Grausamen (Wir danken an dieser Stelle dem edlen Spender)

Samen, [mask., –s, –] die Samen werden von einem Samen-Leiter entsprechend ihren Fähigkeiten eingesetzt. Man unterscheidet die als sehr fleißig geltenden Arbeit-Samen, die superfiesen Gemein-Samen, die etwas unscheinbaren Grau-Samen, die Gleich-Samen mit klassenkämpferischer Komponente (alle ziehen an einem Samenstrang), die Ein-

Samen, die versuchen, auf eigene Faust durchzukommen, und die ökonomisch denkenden Spar-Samen; ⇨ *Abb.*

Sand, [mask., –es] gilt als sehr humorvoll: Er lässt sich leicht auf die Schippe nehmen; ⇨ Betonmischer.

Sandbank, [fem., –, –en] Sparkasse in der ⇨ Sahara, hier bekommt auch die Wüste Gabi Kredit; ⇨ Konto.

Sanitäter, [mask., –s, –, lat.-franz.] die Leistungen dieser Täter gehen manchmal über das Tragbahre hinaus.

Satellitenschüssel, [fem., –, –n, lat.-deutsch] kann man auch an Tennen festschrauben; ⇨ Fernsehen.

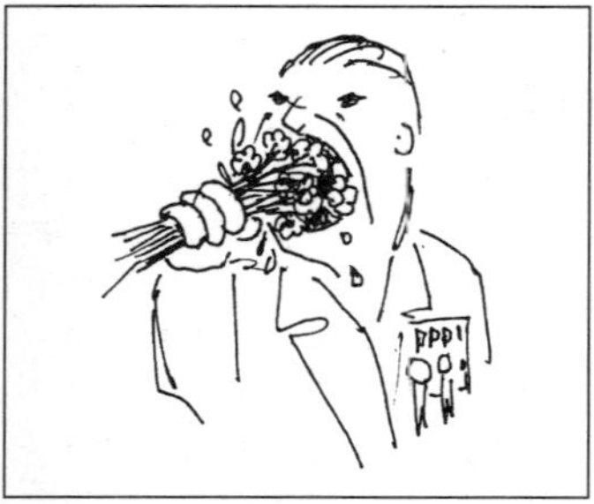

Sauerkämpfer

Sauerkämpfer, [mask., –s, –] grummeliger Vegeteran der Anti-Fleisch-Front (⇨ *Abb.*); ⇨ Vegetarier.

Saupreis

Sauerstoffflasche, [fem., –, –n] schrieb man auch schon vor der Rechtschreibreform aus lautmalerischen Gründen mit »fff«, um das Geräusch zu verdeutlichen, das beim Entweichen entsteht; ⇨ Schänke.

Sauerstoffmangel, [fem., –, –n] Gerät, mit dem Stoffe so zusammengequetscht werden, dass sie z.B. in eine Flasche passen. Kein Wunder, dass diese Stoffe dann sauer werden; ⇨ Stickstoff.

Säulenbauer, [mask., –n, –] Schaft es, auf quadratischer Basis aus Stein Kapitell zu schlagen. Die Korinther gelten in der Szene als Großkapitellisten.

Saumzeug, [neutr., –s] Ärger beim Couturier: »Das Kleid ist ja unten ganz schief!« – »Oh, da hab ich wohl was versäumt.«

(Mit solch fadenscheinigen Entschuldigungen ist der Couturier natürlich noch nicht aus dem Schneider.) ⇨ Kleider machen heute™.

Saupreis, [mask., –es, –e] überhöhte Forderungen auf dem Schweinemarkt; ⇨ *Abb.*

Schach, [neutr., –s, pers.-arab.-lat.] wie kann man die um sich greifende Spielsucht in Schach halten? ⇨ Mattigkeit.

Schafherde, [Plur.] Kochgelegenheiten für Lämmer; ⇨ Schafschütze.

Schafschütze

Schafschütze, [mask., –n, –n] Old Schurhand (⇨ Karl May) hatte nach dem Urteil eines Schurgerichts im Wilden Westen die Aufgabe, für Ruhe zu sorgen, wenn sich die Schafe mal wieder in der Wolle hatten. Bald hatte er darauf aber keinen Bock mehr, die Arbeit war ihm zuwidder und es war ihm völlig schnucke, was da vor sich ging, also scherte er sich weg. Die Schafe guckten reichlich belämmert aus der Wäsche: Wehe den Beziegten! ⇨ *Abb.*

Schalk 04, [eingetr. Wz.] schelmischer Fußballverein; ⇨ Hertha BSE.

Schalterhalle, [fem., –, –n] ⇨ *Abb.*

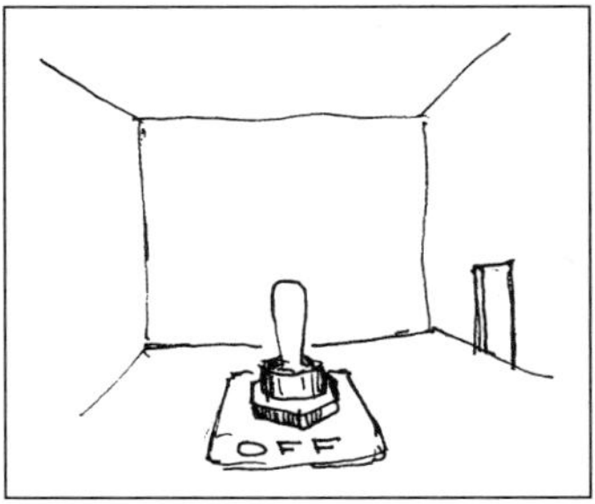

Schalterhalle

Schalottenburg, [fem., –, lat.-franz.-deutsch] Schloss, bekannt wegen seiner Zwiebelgiebel, korrekte Anrede des Schlossherrn: Eure Knoblaucht; ⇨ Peter Silie.

Schämel, [mask., –s, –] etwas scheues Sitzmöbel; ⇨ Lehnstuhl.

Schamhaare, [Plur.] Freudsche Fell-Leistung; ⇨ Rose.

Schänke, [fem., –, –n] schrieb man

das nicht mal anders? Ist e geschänkt; ⇨ Wirtuelle Realität.

Schloss Schalottenburg

Scharniere, [fem., –, –n] in Haufen auftretendes inneres Organ; ⇨ Leber-Party.

Schaufenster, [neutr., –s, –, deutsch-lat.] ⇨ *Abb.*

Schaufenster (mit Fernseher)

Scheideweg, [Interj.] misslungene Unterleibsoperation; ⇨ Anna Tomie.

Scheidung, [fem., –, –en] a) Aber Ehe, Ehe, Ehe! Wenn ich auf das Ende sehe! ⇨ freien; b) Sicherheitsbindungen gibt es eben nur im ⇨ Wintersport.

Scheinwerfer

Scheinwerfer, [mask., –s, –] sind oft dimmer als die Polizei erlaubt (⇨ *Abb.*); ⇨ Light-Show.

Scheiterhaufen, [mask., –s, –] misslungener Stapel – man soll eben nicht so hoch stapeln.

Scheunenbrand, [mask., –es, –brände] Stall und Rauch.

Schfleck, Knut, * Kisdorf 24.6.29 † Saugstrup 24.3.92, gilt als bedeutender Vertreter der befleckten Empfängnis; ⇨ Conny Lingus.

Schicksaal, [mask., –es, –säle, franz.-deutsch] besonders schön dekorierter großer Raum; ⇨ Geboyde.

Schickse, [fem., –, –n, jidd.] unser cooler ⇨ Tipp: Schickse weg! ⇨ Schneewittchen.

Schieblehre, [fem., –, –n] Ausbildung für Schieber, Grundsatz: Was du heute kannst verschieben, das verschiebe nicht erst morgen; ⇨ Gefängnisverhütung.

Schiedsophrenie, [fem., –, –n, deutsch-griech.-lat.] Schiromanie.

Schiedsrichter, [mask., –s, –] »Wir haben euch gepfiffen, aber ihr wolltet nicht tanzen.« (nach Lothar Matthäus, 11,17); ⇨ Bibel.

Schieli Con Carne, [neutr., –s, deutsch-indian.-span.] geht erstens auf die Augen und zweitens auf den Magen, montezumal man nicht zu viel davon essen sollte; ⇨ Otto Chili.

Schietsrichter, [mask., –s, –] ⇨ Fäkalsprache.

Schiffswrack, [neutr., –s, –s] die Zahl der Schiffswracks ist in letzter Zeit drastisch gesunken (⇨ Faltboot). Vielleicht sollte man dieser Sache mal auf den Grund gehen (Die letzte Bemerkung hatte allerdings nicht sehr viel Tiefgang); ⇨ Titanic™.

Schildlaus, [fem., –, –läuse] die Schildlaus lässt sich nicht davon abhalten, jedes Jahr große Mengen von Verkehrsschildern zu vernichten – so sehr man sie auch ausschilt; ⇨ *Abb.*

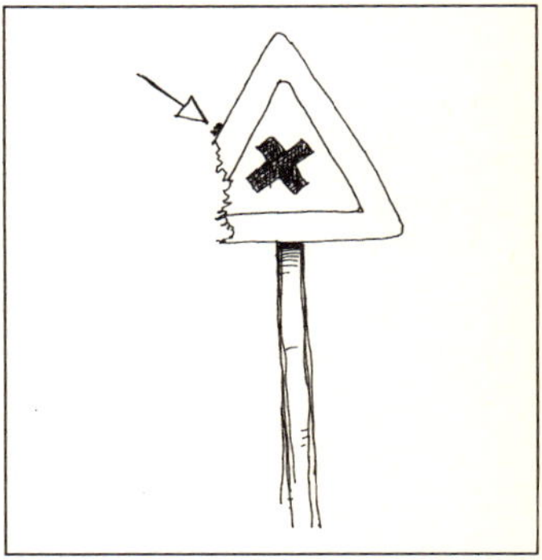

Schildlaus

Schiller, Fiete, * Marbach 10. Nov. 1759, † Weimar 9. Mai 1805, schrieb das Lied von der ⇨ Glucke; ⇨ Johann Wolfgang Goethe.

Schimmel, [mask., –s] Pferdespuren z.B. in der ⇨ Marmelade; ⇨ Rappe.

Schindelhannes, [mask., –, –] *scherzhaft für* Dachdecker; ⇨ First-Lady.

Schlag, Karl, * Schneidhain (Taunus) 1. April 1935, machte sich als erster Vorsitzender im Lichtungsausschuss einen Namen; ⇨ Schlichter.

Schläger, Dennis, * Leimen 22. Nov. 1967, geht ab wie 'ne Rackete; ⇨ Preisaufschlag.

Schlagoberst, [mask., –en, –en, österr.] österreichischer Verbindungsoffizier; ⇨ Militärbasen.

Schlagzeug, [neutr., –s, –e] »He, *Tom*, kommst ⇨ du mit zu dem englischen Vortrag über ›*cymbalism*‹?« – »Ich würd viel *drum* geben, aber ich *stick* bis zum Hals in Arbeit und muss noch viel *pauken.*« ⇨ Trommelfeuer.

Schlagzeuger, [mask., –s, –] dieser manchmal etwas Starr-köpfige Menschenschlag sucht immer wieder gern die Nähe von Musikern; ⇨ Roggen-Roller.

Schlagzeugsolo, [neutr., –s, –soli, deutsch-lat.-ital.] auf alle Felle – sei's drum; ⇨ Pelzmantel.

Schleifmittel, [neutr., –s, –] sollte man nur im Knotfall benutzen; ⇨ Binsenweisheit.

Schlepperbande, [fem., –, –n] bedrohlich viele jugendliche Rowdys schließen sich auf dem Lande zu diesen Traktoren-Gangs zusammen; ⇨ *Abb.*

Raupenschlepper

Schleswig-Ytong™, [neutr., –s] *anderer Name für* Schleswig-Hohlstein; ⇨ Hightabu.

Schleudertrauma, [neutr., –s, –ta, deutsch-griech.] böse Kindheitserinnerungen einer ⇨ Waschmaschine.

Schlichter, [mask., –s, –] weiß auf jede Rage eine Antwort; ⇨ Richter.

Schlingpflanze, [fem., –, –n] ein wahrer Nimmersatt der Pflanzenwelt; ⇨ Baum.

Schlittenkufe, [fem., –, –n] kauft man am besten in einem Kuf-Laden; ⇨ Wintersport.

Schluckauf! [Inter.] verbreitetes Grußwort unter ⇨ Alkoholikern; ⇨ Gluckauf.

Schlüsselfigur, [fem., –, –en] ⇨ *Abb.*

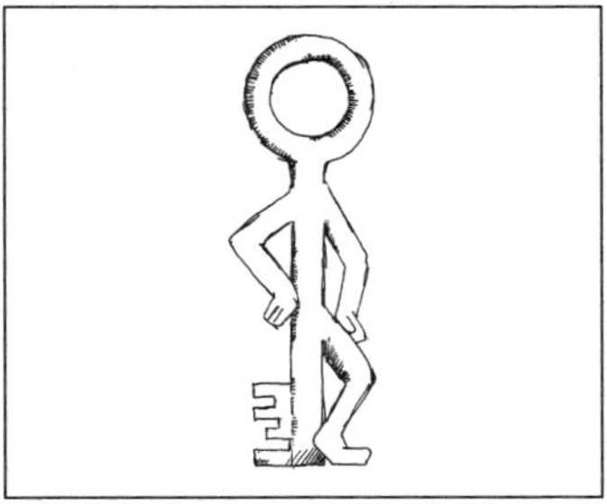

Schlüsselfigur

Schmachtfetzen, [mask., –s, –] rührselige Filme sind ein gutes Augenträning; ⇨ Titanic™.

Schmähschrift, [fem., –, –en, österr.-deutsch] *wienerisch für* Witzblatt; ⇨ Österreich.

Schmerzartikel, [mask., –s, –] spezielle Produkte für Sadomasochisten von unterschiedlicher Quälität; ⇨ Sex.

Schmetterling, [mask., –s, –e] versponnener Randalemacher, verkleidet sich bei seinen Raupüberfällen als ⇨ Puppe.

Schmidt, Helmut, * Hamburg 23. Dez. 1918, hängt in den letzten Jahren lieber mit seinen Zeit-Genossen herum; ⇨ Gerhard Schröder.

Schmierenkomödiant, [mask., –en, –en, deutsch-ital.] der ⇨ Clown unter den Mechanikern, trotzdem warten alle darauf, dass er abnippelt; ⇨ Autodidaktik.

Schnäuzbart, [mask., –s, –bärte] erspart dem Mann das Taschentuch; ⇨ Tempo™.

Schnecke, [fem., –, –n] einer Schnecke ist aber auch nichts eilig; ⇨ Läufer.

Schneckentempo, [neutr., –s, –s, deutsch-lat.-ital., eingetr. Wz.] spezielle Taschentücher für ⇨ Schnecken.

Schneekatastrophe, [fem., –, –n, deutsch-griech.-latein.] ein einschneiendes Erlebnis; ⇨ Wintersport.

Schneewehe, [fem., –, –n] Begleiterscheinung bei der Geburt von Schneemännern. ⇨ Tipp: Wer sich über Schneemänner lustig macht, sollte sehr vorsichtig sein, denn sie lassen sich nicht gern verharschen; ⇨ Winterjäcken.

Schneewittchen, * Burg Erking 31. April 1515, † Schloss Jetzt 32. Jan. 1551, war bekannt für seine Unpünktlichkeit bei Verabredungen. Größte Unart: In seiner Laube Zwerge versetzen; ⇨ Märchen.

Schnellmärker, [Plur.] *umgangssprachlich für* im Handumdrehen verdientes ⇨ Geld.

Schnitzer, [mask., –s, –] die Schnitzer übernahmen früher alle anfallenden Holzarbeiten, allseits beliebt mit ihrem verschnitzten Lächeln. Doch wer kann sich heute noch einen Schnitzer leisten? ⇨ Holz.

Schote, [mask., –n, –n] der Schote ist bekannt für seinen sparsamen Witz; ⇨ Paprika.

Schotterfläche, [fem., –, –n] *scherzhaft für* Banktresen; ⇨ Giropraktiker.

Schraube, [fem., –, –en] hat meistens eine Scheibe: Will auf Dübel-komm-raus bemuttert werden, sonst wird sie sehr öse; ⇨ Golf.

Schräuble, Wolfgang, * Freiburg im Breisgau 18. Sept. 1942, wirkt manchmal ein bisschen verschüchtert, aber bei ⇨ Helmut saß ein Schräuble locker. Nach der Bundestagswahl 1998 machte er jedoch einen eher ausgemerkelten Eindruck und meinte, man solle ihn endlich in Rühe lassen.

Schreibblock, [mask., –s, –s] wenn einem beim Schreiben nichts mehr einfeld; ⇨ Neumünster.

Schrein, [mask., –s, –e] der Schrein trügt: die meisten, die in einem Schrein gelandet sind, schrein nicht mehr; ⇨ Bestattungsunternehmer.

Schriftsteller, [mask., –s, –] ⇨ *Abb.*

Schriftsteller

Schröder, Gerhard, * Mossenberg 7. April 1944, aufgeblairter Politiker, gilt als unkohler Typ; ⇨ Brandt-Stiftung.

Schuby, [neutr., –s, deutsch-dän.] gehört neben Duby zu den meistbesungenen schleswig-holsteinischen ⇨ Dörfern der ⇨ Welt; ⇨ du.

Schuh, [mask., –es, –e] a) der Absatz an Schuhen nimmt in letzter Zeit wieder bedrückend zu. Schuhfabrikanten haben anscheinend von Blasen keine Ahnung; aber wir wollen jetzt nicht noch mehr auf Absätzen herumhacken. b) Pflegetipp: Neue Schuhe zu heiß waschen, dann sind sie sehr schnell eingelaufen; ⇨ Pumpwerk.

Schulden, [Plur.] paradox: Wer keine Schulden hat, der gilt heutzutage als rückständig; ⇨ Deutsche Bank™.

Schuster, [mask., –s, –] ein Stiefel kann einen Schuster vertragen. Nein, falsch: Umgekehrt wird ein ⇨ Schuh draus; ⇨ Leistenbruch.

Schutzgebühr, [fem., –, –en] Preis für ein Kondom; ⇨ Paris.

Schutzmann, [mask., –s, –männer] patrouilliert am liebsten auf einem Bullevard; ⇨ Bulle.

Rauchschwalbe

Schwabe, [mask., –n, –n] man unterscheidet da hauptsächlich Mehl-Schwaben (eine Art Spätzle, ⇨ Mehlbox) und Rauch-Schwaben (⇨ *Abb.*), aber: ein Schwabe macht noch keinen Sommer; ⇨ Sommerzeit.

Schwäbisch Hall, [mask., –s] Treffpunkt für süddeutsche Echoisten; ⇨ du.

Schwankwirt, [mask., –s, –e] Tresenmensch, der wegen seiner ständigen Angetrunkenheit (»Allzeit breit!«) seinen Possen whiskiert; ⇨ Witzhaus.

Schwarzer, Alice, * Wuppertal 3. Dez. 1942, Mädelsführerin und Mitglied im Miederschutzbund (⇨ Wonderbra™). Einige finden ihre Ideen ja erfräulich, von anderen werden sie männchmal nicht so geschätzt; ⇨ Frau.

Schwatzmarkt, [mask., –es, –märkte] von Old Schnatterhand (⇨ Karl May) organisierte Messe für Quasselstrippen; ⇨ Laberatorium.

Schweden, [neutr., –s] die Sichtverhältnisse sind dort so schlecht, dass die alten Schweden sich überhaupt nicht zurechtfinnen und sich ständig anrempeln (»Uppsala!«). Deshalb wird auch der Nebel-Preis an alle verliehen (»Aber wiederbringen!«), die's genebelt haben; ⇨ Curry, Madame.

Schweiß, [mask., –es] bei manchen riechen diese Absonderungen derart absonderlich (⇨ schwitzen), dass sie zur Absonderung der entsprechenden Person führen; ⇨ Axel Nässe.

Schweißhund, [mask., –es, –e] gilt als der Metallfachmann unter den Haustieren; ⇨ Kar-Nickel.

Schweiz, [fem., –] besteht aus 23 Kartons. Es klingt vielleicht etwas urig, aber man hat in Volksaufständen (sog. Schweizausbrüche) lange für eine Eidgenossenschaft gegenft, man hat extra Jura studiert und dann wurde relativ zürich diese Konföderation eingeführt. Heute will sie auch keiner mehr entbern – und wehe, einer rütli daran. Wie sagt der Engländer: Wilhelm will Tell you; ⇨ Kultuhr.

schwerørig, [Adj., deutsch-dän.] *dänisch für* reich.

schwitzen, [intrans. Vb.] »Ja, saggamal, warum schwitzt'n so?« – »⇨ Schweiß net.«

Scotty, * Hollywood (Planet Erde) 31. April 2156, † Black Hole (Andromedanebel) 29. Feb. 2238, von ihm ist bekannt, dass er – gegen einen entsprechenden Enterpreis – auch Beamte beamte.

se [lat.] ⇨ per.

Séance, [fem., –, –n, lat.-franz.] Veranstaltung für verrückte Tische; ⇨ S-Tisch.

Seemann, [mask., –s, –leute] Seeleute schiffen ständig in der Weltgeschichte herum und machen auf Anlegebrücken einen los; kein Wunder also, dass es nur die wenigsten zum flotten Kapitän bringen; ⇨ Fairhafen.

Segel, [neutr., –s, –] kann man – wie z.B. auch ⇨ Violinen – streichen. Werden Segel nicht entsprechend gepflegt, sitzt die ganze Takelage ganz schnell voll mit so genannten Segelfliegen.

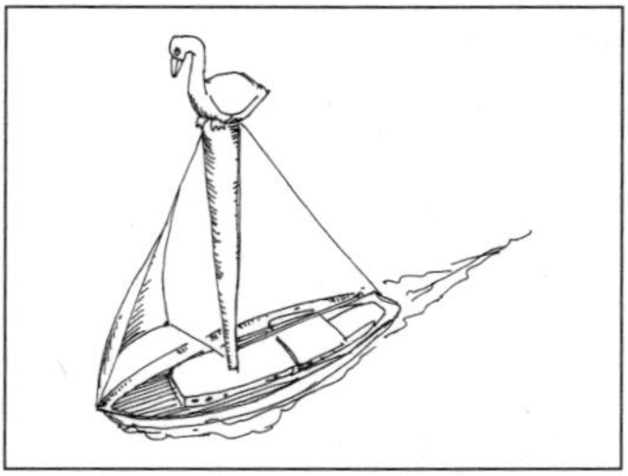

Segelschiff (Beispiel mit Mastgans)

Segelschiff, [neutr., –es, –e] hochseensibles Fahrzeug: fühlt sich schon beim geringsten Windstoß gekrängt; ⇨ *Abb.*

Segler, [mask., –s, –] Segler gelten durchweg als windige, reffgierige Typen; ⇨ Segel.

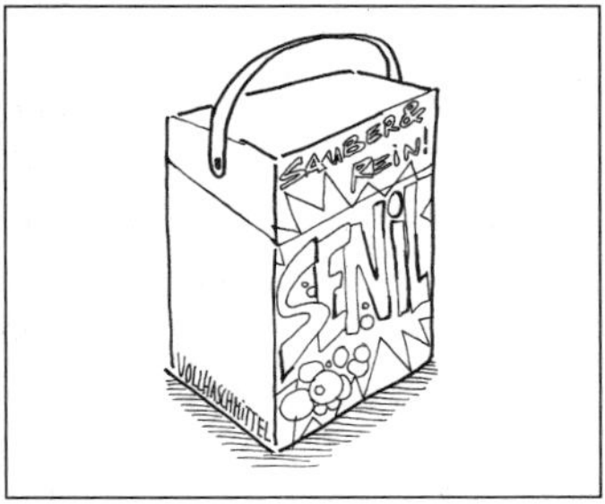

Senil™

sehenschwert, [Adj.] Prädikat (⇨ Subjekt) für Mantel- und Degenfilme; ⇨ Artus.

Sehne, [fem., –] daran liegt sowohl ⇨ Paris als auch die Tatsache, dass der Triumphbogen nicht auseinander klappt. Das abschließende Urteil des ⇨ Paris (»France mich nicht!«): Musste man unbedingt diesen Turm bauen? Wir haben da so unsere Zweiffel; ⇨ Frank Reich.

Seine, [fem., –, franz.] »Jedem die Seine.« (Pariser Sprichwort); ⇨ Paris.

Sekante, [fem., –, –n, lat.] Sehn-Sucht eines Kreises; ⇨ Radio.

Selbstauflöser, [mask., –s, –] besonders einfache ⇨ Kreuzworträtsel.

Sendeschluss, [mask., –es, –schlüsse] nach Sendeschluss war es früher beim Durchschalten aller Programme zappen-duster, heute geht es eher sinnflutartig zu; ⇨ Quotenregelung.

Senil, [eingetr. Wz., lat.] Waschmittel für die ältere Generation; (⇨ *Abb.*); ⇨ Alzheimer.

Serbe, [mask., –n, –n] Serben bringen nicht immer Glück; ⇨ Serbentine.

Serbentine, [fem., –, –n] etwas gefährliche Bergstraße im ehemaligen Jugoslawien; laut NATO™-Doppelbeschuss ist es dort jetzt etwas ruhiger; ⇨ Militärbasen.

Sex, [fem./mask., –, lat.-engl.] »Unser1 ent2t sich 4- bis 5-mal über 6 und fragt 3st: Konntest du mit ⇨ 8 schon 7?« – »9, 9, erst mit ⇨ 10, aber ich kann nichts da4.« – »Jetzt 100 mich gar nichts mehr.« ⇨ Heinrich VII.

Sex Pistols, [Plur., eingetr. Wz., engl.] haben die Rock-Musik auf den Punk gebracht; ⇨ *Abb.*

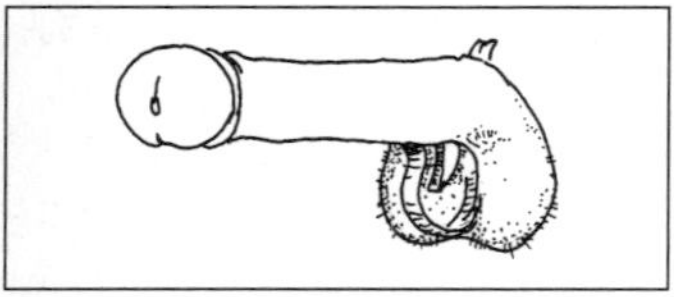

Sex Pistol
(Phallstudie)

S-Gewohnheit, [fem., –, –en] nach der Rechtschreibreform (⇨ Otto Graphie) sollen wir unsere S-Gewohnheiten ändern; z.B. schreiben wir jetzt »daß« mit Doppel-s: Was soll dass? ⇨ Pass.

Shakespeare, William, * Stratford-upon-Avon 26. April 1564, † ebd. 23. April 1616, nicht nur, dass sich alle um seine Stücke reißen, auch seine Gedichte (⇨ Maisonette) finden viele sonett.

Sichel, [fem., –, –n] sensibles Schneidegerät, bzw. Non-Sense. Man könnte auch sagen: Seit der Einführung von Mähmaschinen ist Sense mit Sicheln; ⇨ Flegelversicherung.

sicher, [Adj.] *Komparativ von* sich.

Sicht, Inge, * Antlitz 6. Juni 1966, Schwester von ⇨ Anne Fresse.

Sieden, [mask., –s, eingetr. Wz.] höfliche Form eines Wörterbuchs (im Gegensatz etwa zum *Duden*™); ⇨ Querverweis.

Silie, Peter, * Gartenstadt (Nürnberg) 9.4.1969, sein benelkenswert schlechtes Benehmen brachte ihm kein Lorbeerblatt ein. Völlig außer sich schrieb ein Major an Peter Silie: Kümmel du dich um deinen eigenen Kram und geh hin, wo der Pfeffer wächst! So ein Verhalten gezimt sich nicht – aber Peter war nicht zu besenftigen; ⇨ Pfeffermünze.

Silber, [neutr., –s] Silber und ⇨ Gold sind glänzlich verschieden.

simplifizieren, [trans. Vb., lateinisch] *unnötig verkomplizierend für* vereinfachen, ⇨ Oxymoron.

Singel, Max I., * Einzingen 6.5. 1942, einer der ganz großen ⇨ Alleinstehenden; ⇨ CD.

Single-Auskopplung, [fem., –, –en, engl.-deutsch] *scherzhaft für* ⇨ Scheidung.

sinnlos, [Adj.] z.B. der unterste Knopf bei einer Levis 501™; ⇨ Nietenhose.

sittlich, [Adj.] *anderes Wort für* gebräuchlich; ⇨ Usus.

Sitzpinkler, [mask., –s, –] man muss dazu stehen; ⇨ *Abb.*

skålpieren, [trans. Vb., dän.] Unsitte in Skandalinavien, allerdings wird man meist vorgewarnt: »Du haust jetzt sofjord ab, sonst zieh ich dir das Fjäll über die Ohren!« ⇨ Schweden.

Skalptraum, [mask., –s, –träume, engl.-deutsch] besonders schöner Traum bei Indianern; ⇨ Hau!

Skandalnudel, [fem., –, –n, griech.-lat.-franz.-deutsch] Opfer eines salmonellischen Urteils während der Frischei-Debatte; ⇨ Spargetti.

Skirurg, [mask., –en, –en, norw.-griech.-lat.] ⇨ Spezialist für winterliche ⇨ Arm- und Beinbrüche; ⇨ Wintersport.

Sitzpinkler (strahlend)

Slick, [mask., –s, –s, engl.] Rennfahrer mit Profilneurose; ⇨ Reifenwechsel.

Sodomie, [fem., –, lat.] mit den Hühnern ins Bett gehen; ⇨ Wasserhahn.

Software, [fem., –, engl.] neu auf dem Markt: das Fensterputzprogramm Sidolin™ for Windows™ (⇨ *Abb.*); ⇨ Textverarbeitung.

Sidolin™ for Windows™

Sol-Daten, [Plur., deutsch-lat.-engl.] Messergebnisse bei Soleiern; ⇨ Ei.

Soldatenvereidigung, [fem., –, –en, lat.-deutsch] »Ich bin das ⇨ Heer, euer Gott. Ihr sold keinen anderen Gott haben neben mir.« ⇨ Generalamnesie.

Somalia, [neutr., –s] am Horn herbeigezogener Name für einen Teil ⇨ Afrikas.

Sommerschlussverkauf, [mask., –s, –verkäufe] eine Art Konsumregen, für Warensinnige das höchste der Gewühle; ⇨ Rottweiler.

Sommersprosse, [fem., –, –n] Teil einer Sommerleiter; ⇨ Strickleiter.

Sommerzeit, [fem., –] erfordert eine Uhrabstimmung; ⇨ Kuckuck.

Sonnenbrand, [mask., –s, –brände] Häute schlimmer denn je; ⇨ Cremer.

Spagetti-Träger, [mask., –s, –, ital.-deutsch] Arbeiter in der Pasta-Branche, die Ausbildung erfolgt in einer Penne; ⇨ Mackeroni.

Spanner, [mask., –s, –] Nacktwächter, gibt sich gern die Blöße; ⇨ Laubbaum.

Spargel, [neutr., –s, –e, deutsch-lat.-ital-franz.] Haarfestiger für den kleinen Geldbeutel; ⇨ Pomade.

Spargetti, [Plur., ital.] besonders wirtschaftliche Pasta; ⇨ Tomatenmark.

Specht, [mask., –es, –e] Stammgast; ⇨ Baum.

Speichelkapazität, [fem., –, –en, lat.] angesichts der Mega- und Gigabytes moderner ⇨ Computer bleibt einem glatt die Spucke weg; ⇨ Festplatte.

Speichenlecker, [mask., –s, –] sind ständig auf Achse, weil sie diese für die Nabe der ⇨ Welt halten; ⇨ *Abb.*

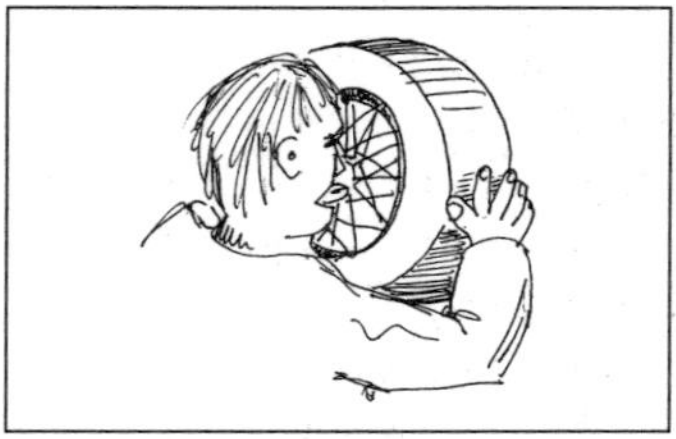

Speichenlecker

Spezialist, [mask., –en, –en, lat.-franz.] setzt alles auf eine Sparte; ⇨ verlaien.

Spielzeug, [neutr., –s] toy, toyer, am toyersten. Und dennoch fordern die verwöhnten Racker im englischsprachigen Raum: Toy, toy, toy! Toyfel auch. Kleiner ⇨ Tipp am Rande: Nichts wird so heiß besessen, wie es gemocht wird; ⇨ Kinderwahnsinn.

Spiegel, [mask., –s, –] über diesen Gegenstand könnte man jetzt ausführlich reflektieren; aber wir überlassen das lieber Leuten, die beschlagener sind als wir; ⇨ Der Wasserspiegel.

Spleiß-Girls, [Plur., deutsch-engl.] *Seilerfachsprache für* Reepschlägerinnen. Die Seilerei gilt übrigens als sehr wetterabhängig, denn nur bei Tauwetter – oder wenn es Bindfäden regnet – gibt es keine Vertauungsstörungen; ⇨ Rülps.

Sportler, [mask., –s, –, lat.-franz.-engl.] sind manchmal etwas zu hormoniebedürftig; ⇨ Läufer.

Sprechanlage, [fem., –, –n] findet viele Fürsprecher, einige sind aber auch strikt gegen Sprechanlage; ⇨ Laberatorium.

Sprechblase, [fem., –, –n] hat ihren Auftritt im Abtritt (am Harn herbeigezogenes ⇨ Wortspiel); ⇨ *Abb.*

Sprechblase

Spreedose, [fem., –, –n] abgefülltes Wasser aus Berlin; ⇨ Berliner.

Spring! [Interj.] Befehls-Satz; ⇨ Imperativ.

Springbrunnen, [mask., –s, –] ⇨ *Abb.*

Springbrunnen

Spritzbube, [mask., –n, –n] Feuerwehrmann, findet, ähnlich wie schon Odysseus, Sirenen unwiderstehlich. Ein derartiges Verhalten spricht Brände; ⇨ Scheunenbrand.

Spuknapf, [mask., –es, –näpfe] ein Gebrauchsgegenstand, der heute nur noch wenig begeistert; ⇨ Speichelkapazität.

spülen, [intrans. Vb.] »Herr Doktor, ich höre es dauernd spülen.« – »Da hat Ihnen wohl jemand ein ⇨ Klo ins Ohr gesetzt.« ⇨ HNO-Arzt.

Spurrillen, [Plur.] echt total abgefahrener Straßenbelag; ⇨ Pflasterstein.

stadtfinden, [intrans. Vb.] das Auffinden von Kleinstädten ist besonders schwer auf einer

Landkarte, die vorher mit Fleckenentferner behandelt wurde; ⇨ Dorf.

stadthaft, [Adj.] *eindeutschend für* urban; ⇨ Landstrich.

Stahlbeton, [mask., –s, deutsch-lat.-franz.] bei Beanstandungen, die den Stahl betreffen (so genanntes Moniereisen) drohen hohe Bewehrungsstrafen; ⇨ Zement.

Stallone, Sylvester Enzio, * New York 6. Juli 1946, hat sich mit seinen Filmen sein Image ramboniert; ⇨ Film-Star.

Stance, Resi, * Paris 1. Sept. 1939, französische Widerstandskämpferin.

Star, [mask., –es, –e, engl.] trotz ihres Namens eher unscheinbare Vögel (⇨ Drosselklappe), nur die leicht sehkrank werdenden grünen und grauen Unterarten stechen sehr ins Auge.

Statiker, [mask., –s, –, griech.] lebt meistens von der Stütze; ⇨ Säulenbauer.

Stattviertel, [neutr., –s, –] kann man auch 25% sagen.

Staubsaugervertreter, [mask., –s, –] sind nicht immer progresspflichtig zu machen; ⇨ Haushälterin.

Staudamm, [mask., –s, –dämme] gegen den übermäßigen Bau von Staudämmen sollte man sich zum Wehr setzen.

Stausee, [mask., –s, –n] verdammter Fluss; kein Wunder also, dass er ausufert; ⇨ Quellenangabe.

Stechfliege, [fem., –, –n] die Ausbreitung der Stechfliegen ist einfach nicht zu ⇨ bremsen.

Steghaus, [neutr., –es, –häuser] werden oft von *bloody* Anfängern errichtet, dementsprechend *medium* fallen sie dann auch aus und sind alles andere als *well done*, ⇨ BSE.

Steiner, Rudolf, * Kraljevica 27. Feb. 1861, † Dornach 30. März 1925, sein berühmter Waldorf™-Salat machte Schule. Seine Versuche, auch in der Eisenbahntechnik ⇨ Fuß zu fassen, scheiterten dagegen kläglich: Kaum jemand spricht heute noch von den von ihm erfundenen Steinerweichen; ⇨ Weichteile.

Stellenwert, [mask., –es, –e] der ⇨ Preis, den man für einen Arbeitsplatz zahlen muss.

Steppdecke, [fem., –, –n] man legt mit Rücksicht auf die Nachbarn eine Decke auf den Boden, wenn die ⇨ Schuhe beim

Stepp-Tanz zu sehr klappern. Steppen ist ja übrigens auch so eine baumlose Kunst.

Stereo-Typ, [mask., –en, –en, griech.-franz.] begeisterter Hi-Fi-Anhänger; ⇨ Erbanlage.

Steuer, [fem., –, –n] a) nicht zu viele Steuern zu zahlen ist z.T. erblich bedingt, also eine Frage der Veranlagung; b) Wer nicht abführt, bekommt einen Einlauf; ⇨ Gerichtsvollzieher.

Stickstoff, [mask., –s, –e] besonders gut zum Sticken geeigneter Stoff. Fäderlicher Rat: Nadel verpflichtet. ⇨ Saumzeug.

Stielblüte, [fem., –, –n] ⇨ *Abb.*

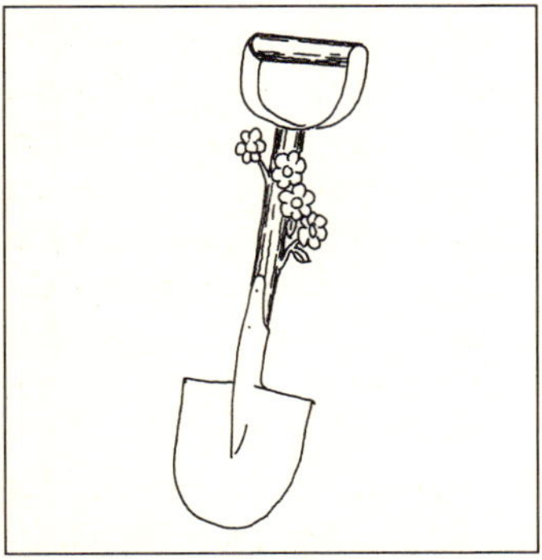

Stielblüten
(spatanische Ausführung)

S-Tisch, [mask., –es, –e] ⇨ *Abb.*

Stockwerk, [neutr., –s, –e] Firma zur Herstellung von Stöcken aller Art. Als Erstausstattung empfehlen wir die Anschaffung eines Grundstocks, weil die Grundstöckspreise ja ständig steigen. Übrigens: Dass die Babys von Stöcken gebracht werden, gehört eindeutig in den Bereich der µthologie, ⇨ Pipi.

Stolz, Robert, * Graz 25. Aug. 1880, † Berlin 27. Juni 1975, fragte sich zeit seines Lebens: Wie kann man mit Operetten die Oper retten? ⇨ Carmen.

Storch, [mask., –es, Störche] für ihn gehört Klappern zum Geschäft; ⇨ Ade-Bar.

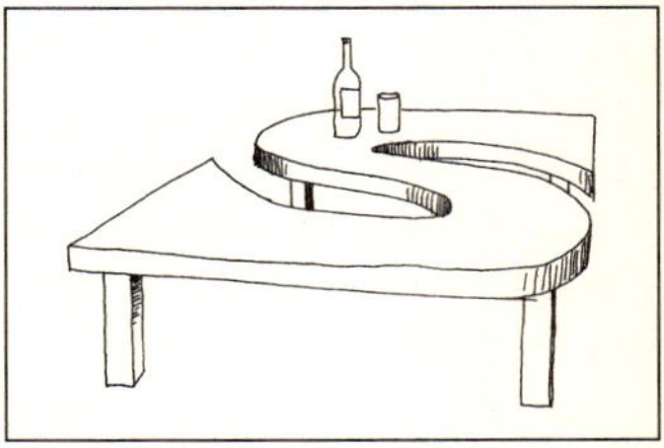

S-Tisch

Straffgesetzbuch, [neutr., –s] quasi die ⇨ Bibel der Schönheits-Chirurgie: Alle warten auf das Jüngste Gesicht. Eindringlich gewarnt werden muss an dieser Stelle vor nicht fachmännisch ausgeführter Selbstentfaltung. Nicht umsonst müssen sich Schönheitschirurgen erst eine solide Narben-Bildung erwerben; ⇨ Mienenleger.

Straßenverkäufer, [mask., –s, –] sind erst einmal die Autobahnen privatisiert, werden diese legal oder auch auf anderen Wegen von diesen cleveren Geschäftsleuten feilgeboten; ⇨ Pflasterstein.

Strebergarten, [mask., –s, –gärten] Erholungsort für übereifrige Schüler; ⇨ Untersekunda.

Streich-Holz, [neutr., –es, –Hölzer] a) Rohmaterial für Geigenbau (⇨ Violine); b) Streich-Hölzer sind stets zu einem Schabernack aufgelegt – das macht sie echt an; ⇨ Raucher.

Streifenhörnchen, [neutr., –s, –] die Polizisten des Waldes; ⇨ Eichhörnchen.

Streitaxt, [fem., –, –äxte] der Einsatz dieser Waffe bereitete in früheren Zeiten vielen Leuten Kopfzerbrechen; ⇨ *Abb.*

Strickleiter, [mask., –s, –] Vorarbeiter in einer Häkelfabrik; ⇨ Halbleiter.

Strudel, [mask., –s, –] so wird ein so genannter Sog genannt. Besonders vor Sog genannten Apfelstrudeln sei hier ausdrücklich gewarnt; ⇨ Dicktat.

Strumpf, [mask., –es, Strümpfe] »Hast du auch meine Strümpfe eingepackt?« – »Ja, da mach dir mal keine Socken.«

studieren, [trans. Vb., lat.] »Welche Fächer studierst du eigentlich?« – »Naja, chinesische, aber in Japan gibt's auch ganz hübsche. Zu Hause studiere ich aber vor allem die Getränkefächer im Kühlschrank.« ⇨ Vollbreit-Stipendium.

Stuhl, [mask., –s, Stühle] wer zwischen zwei Stühlen sitzt, bleibt immerhin auf dem Teppich; ⇨ Teppichboden.

Kopfzerbrechen

Stuhlgang, [mask., –s, –gänge] a) scheiße eingerichteter Korridor; b) ⇨ *Abb.*

Stuhlgang

Subjekt, [neutr., –s, –e, lat.] das Subjekt wurde bei einem ⇨ Wettbeverb objektiv und ohne Angaben von Gründen expressis verbis für das Prädikat »Ergänzung« nominiert.

süden, [intrans. Vb.] Wasser südet auch im Norden bei hundert Grad (laut Köchel-Verzeichnis); ⇨ Himmelsrichtung.

Suff-Fix, [neutr., –es, –e, deutsch-lat.] der praktische Trocken-Alkohol im Beutel zum Selber-Aufkochen; ⇨ präfix.

Sündkerze, [fem., –, –n] wenn man mal überlegt, dass diese ⇨ Kerzen nicht einmal einen Docht haben, sind sie eigentlich zündhaft teuer.

Super-Mann, [mask., –es, –männer, lat.-deutsch] gehört – neben Normal-Mann und Diesel-Mann – zu den hochspezialisierten Tankwarten. Wir sagen an dieser Stelle diesen ⇨ Menschen ein herzliches ›Tanke schön!‹ ⇨ Bett-Man.

surfen, [intrans. Vb., engl.] erfunden vom englischen Adligen Sir Fing, typischer Fall von Modewelle; ⇨ internetional.

Swimmingpuhl, [mask., –s, –s, engl.-deutsch] ⇨ Nasebohren im Wasser.

T

Tabak, [mask., –s, –e, span.] kannst ⇨ du in der Pfeife rauchen; ⇨ Piep-Show.

Tablettensucht, [fem., –, franz.-deutsch] Personen, die tablettensüchtig sind, haben meist ein sehr einnehmendes Wesen. Die eher bescheidenen Tabletten dagegen sind von anderen eingenommen und nicht von sich; ⇨ Abhängigkeit.

Tadel, [mask., –s, –] Tadel vernichtet; ⇨ Rügen.

T-Aktie, [fem., –, –n, lat.-niederl.] die brühwarmen News von der Börse: Hagebutten-T weit abgeschlagen hinter Kamillen-T, Früchte-T zieht an; ⇨ Frankfurt.

Talent, [neutr., –s, –e, griech.-lat.] der eine hat ganz viel Talent, beim andern schlummert's nur latent; ⇨ Rüttelscheim.

Tang-Ente, [fem., –, –n] ⇨ Arro-Ganter.

Taschendieb, [mask., –es, –e] Taschendiebe nehmen sich manchmal etwas viel heraus; ⇨ Einbrecher.

Teenie-Tussi, [fem., –, –s, engl.-deutsch] junges Mädchen mit Gehörschaden; ⇨ Schickse.

Tee-Träger, [mask., –s, –, chin.-deutsch] a) stahlharte Gesellen, die z.B. für Graf Grey dieses Genussmittel hin- und herschleppen; b) ⇨ *Abb.*

Tee-Träger

Teichfüllung, [fem., –, –en] *scherzhaft für* Wasser; ⇨ OH_2.

Telefonistin, [fem., –, –nen, griech.-engl.-franz.] bei ihr gehört Abnehmen zum Beruf. »Gut aufgelegt« ist ebenfalls nicht ganz unwichtig; ⇨ Gasthörer.

Telefucks, [Plur., griech.-engl.] kommen ganz groß in Modem; ⇨ Telekomm.

Telekomm, [mask., –s, griech.-dt.]

Orgasmus am Fernsprecher; ⇨ Postmoderne.

Telekompost, [mask., –, griech.-lat.-franz.] frühere Monopolgesellschaft, im Zuge der ⇨ Mülltrennung aufgeteilt in Telekom (⇨ T-Aktie) und Post.

Tempo, [eingetr. Wz., lat.-ital.] Taschentuchverlag; ⇨ Nasebohren.

Teppichboden, [mask., –s, –böden, griech.-lat.-franz.-deutsch] wir wollen nicht den Boden der Tatsachen unter den Teppich kehren: Qualität ist hier ausnahmsweise auch eine Frage der Auslegung; ⇨ Dieler.

Ter, Phil, * Husten (Texas) 1. April 1929, amerik. Erfinder. Entwickelte zusammen mit Nico Teen die King-Size-Zigarette; ⇨ Tabak.

Termin, [mask., –s, –e, lat.] Termine gelten als im höchsten Maße bedroht, oft werden sie unter einem geringen Vorwand einfach umgelegt (determiniert). Auch die Ergebnisse der Termin-Forschung (die so genannte Terminologie) werden so keinem Termin gerecht; ⇨ Datumsgrenze.

Textverarbeitung, [fem., –, –en, lat.-deutsch] am Anfang war das Word™ (⇨ *Abb.*); ⇨ Edith Ieren.

MS Word

Thermopain, [fem., lat.-griech.-engl.] der Schmerz, wenn man voll einen mit der Warmhaltekanne übergezogen kriegt; ⇨ Boile.

Thor, [mask., –s] höchster Gott der Fußballspieler. Sein Lieblingsessen: Donar Kebab; ⇨ Merkur.

Thustra, Zara, * und † Persien um 600 v.Chr., hat außer ›Also‹ nicht viel gesprochen.

tierlieb, [Adj.] z.B. gut zu ⇨ Vögeln.

Tierschützer, [mask., –s, –] Retter, die die ⇨ Welt bedeuten, sind aber fleisch manchmal etwas zu faunatisch (⇨ *Abb.*); ⇨ Hochspannungsmast.

Tipp, [mask., –s, –s] a) galt bislang mit Doppel-p als Tipfehler; b) unser Tipp: Beim Ausfüllen des Lottoscheins keine Tippfehler machen! ⇨ Wetterfest.

Tischler, [mask., –s, –] Tischler gelten als sehr unzuverlässig, weil sie ständig ⇨ Termine absägen; ⇨ Schnitzer.

Titanic, [fem., –, eingetr. Wz.] a) wo man sinkt, da lass dich ruhig nieder, ⇨ Schiffswrack; b) im Gegensatz zu dem Schiff als solchem kam der Film in den USA gut an; ⇨ Filmregisseur.

Tittelblatt, [neutr., –s, –blätter] Umschlagseite beim ⇨ Playboy™.

Tomatenmark, [fem., –] Währung in Italien; ⇨ Mackeroni.

Tomie, Anna, * Blind-Darmstadt 31. Sept. 1946, Chirurgin, wurde wegen Aufschneiderei aus dem Berufsstand verbannt; ⇨ Operation.

tonarm, [Adj.] *musikerfachsprachlich für* leise bzw. unerhört; ⇨ Heavy-Metal-Competition.

Tierschützer

Tonträger, [mask., –s, –] ⇨ Töpfer-Gehilfe.

Töpfer, [mask., –s, –] Tontechniker, Motto: Irden ist menschlich (⇨ *Abb.*). Der Ton macht eben die Keramik. Die größten Schwierigkeiten – das sei hier ausdrücklich betont – bereitet allerdings der Absatzmarkt: Es geht darum, irdendeinen Tonabnehmer zu finden; ⇨ lehm.

Tontechniker

Tor, Moni, * Blickstedt 27.3.53, sie ist über das Wetter im Bilde, deshalb sieht man sie meistens mit Schirm; ⇨ Wetterumschlag.

Torf, [mask., –es] wird schon seit Menschengedenken marschinell hergestellt; ⇨ Geest.

Tortenboden, [mask., –s, –böden] ausgebautes Dachgeschoss (⇨ Geschoss) für Frauenzimmer; ⇨ *Abb.*

Tortenboden

tot, [Adj.] alle Lebenden sind gleich, aber alle Toten sind verschieden; ⇨ Schrein.

Tourbiene, [fem., –, –n, lat.-franz.-deutsch] Insekt auf einer Rundreise; ⇨ Wachstum.

Trabi, [mask., –s, –s, tschech., eingetr. Wz.] »Go, Trabi™, Go« wird jetzt für die Bühne umgearbeitet – als Zweitakter; ⇨ Autogram.

Traktor, [mask., –s, –en, lat.-engl.] häufig überholtes Fahrzeug; ⇨ Schlepperbande.

Transparente, [fem., –, –n, lat.-franz.] endlich ist Schluss mit den undurchsichtigen Berechnungsgrundlagen für die Altersversorgung; ⇨ Rebensversicherung.

Transvestit, [mask., –en, –en, lat.] Transvestiten erscheinen meist in Begleidung einer ⇨ Frau; ⇨ Verherrlichung.

treffen, [trans. Vb.] »Hallo, Karl-Heinz. Ich habe eben deinen Bruder getroffen.« – »Wo denn?« – »Genau zwischen die Augen.« – »Dazu fällt mir jetzt keine treffende Bemerkung ein. Ich bin irgendwie betroffen. Kein Wunder, dass er meinte, er fühle sich wie erschossen. Gab es denn einen trifftigen Grund?« – »Ich glaube, unser Gespräch trifftet ein wenig ab.« ⇨ Ruder.

Treibhaus, [neutr., –es, –häuser] *umgangssprachlich für* Bordell; ⇨ Landstrich.

Trennkost, [fem., –] Mahlzeit bei einer ⇨ Scheidung.

Triebwagen, [mask., –, –] etwas schienierliches (⇨ Weichteile), phallisches Reisefahrzeug, bringt den Gleiskörper zum Schwellen; ⇨ Rudolf Steiner.

Trikotwerbung, [franz.-deutsch] ein eng anliegendes Problem; ⇨ Bandenwerbung.

Trom-Bose, [eingetr. Wz.] spezielle Lautsprecherboxen zur Wiedergabe von Trom-Peten und Trom-Meln; ⇨ Verstärker.

Trommelfeuer, [neutr., –s, –] Schlagzeugbrand (⇨ *Abb.*); ⇨ Schlagzeuger.

Trommelfeuer

Trophobie, Klaus, * England (bei Husum) 25.8.1945, ausführlich über ihn zu berichten würde den engen Raum dieses Wörterbuchs zum Platzen bringen; ⇨ Zimmerflucht.

Trucktor, [neutr., –s, –e, engl.-dt.] Garagentür für LKW; ⇨ Autogram.

Tschechien, [neutr., –s] ein Name, den man sich gut einpragen sollte.

Tube, [fem., –, –n, lat.] ausdrücklicher Behälter; ⇨ Zahnpastor.

Tucholsky, * Berlin 9. Jan. 1890, † Hindås 21. Dez. 1935, da er sich fast ständig in Erholungsorten und Bädern aufhielt, fragte man allenthalben: Kurt Tucholsky denn schon wieder? ⇨ Schriftsteller.

Tung, Hinrich, * Shaoshan 26. Dez. 1893, † Peking 9. Sept. 1976, chinesischer Innenminister, er galt allgemein als etwas ungeduldig (»Beilen Sie sich, bitte!«), Bruder von Um-Lei (Verkehrsminister); ⇨ Chinah.

turnen, [intrans. Vb.] jeder sollte ab und an turnen (⇨ *Abb.*), egal ob es ihn anturnt oder abturnt; ⇨ Goldbarren.

anturnen und abturnen (v.l.n.r.)

Turner, Tina, * Nutbush (Highway No. 19) 26. Nov. 1939, ist nicht nur Alt, sondern singt auch noch so. Nur ab und zu muss ihr ein ⇨ HNO-Arzt in die Röhre gucken. Ansonsten fühlt sie sich ganz wohl in ihrem Mikro-Kosmos; ⇨ Louis Pasteur.

Tür zu! [Interj.] Abschließende Bemerkung; ⇨ entschlossen.

Tuschkasten, [mask., –s, –kästen] *eindeutschend für* Drumcomputer; ⇨ Schlagzeug.

typisch, [Adj., griech.-lat.] a) *Schreibmaschinenfachsprache für* buchstäblich; b) *Emanzenschnack für* männlich; ⇨ Alice Schwarzer.

U

U [neutr., –s, –s] ⇨ X.

Uar, Jan, * Mailand 1.1. 1455, reichlich dummer August, mit anderen ⇨ Worten: Seine Intelligenz ist hart an der Märzgrenze, trotzdem gewinnt er maistens beim Monatsraten; ⇨ Datumsgrenze.

Übeltäter, [mask., –s, –] a) *scherzhaft für* in großen Mengen zu sich genommenen ⇨ Alkohol; ⇨ Brechmittel; b) ⇨ *Abb.*

Übeltäter

überdacht, [Part. Perf.] »überdacht« bedeutet bei so manchem modernen Bauwerk noch lange nicht, dass sich jemand gedanklich mit der Architektur auseinander gesetzt hätte. Vielleicht hätte man ja noch die eine oder andere ⇨ Wand streichen können; ⇨ Statiker.

Überzieher, [mask., –s, –] notorisch verschuldeter Bankkunde, Motto: pull over; ⇨ Wechseljahre.

Ufer-Film, [mask., –s, –e, eingetr. Wz.] Landstreifen über Flussbetten (»Vom anderen Ufa.«) ⇨ *Abb*; ⇨ Film-Star.

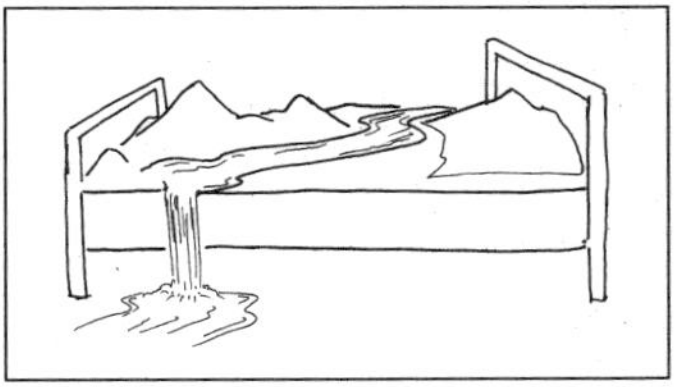

Flussbett

Uhr, [fem., –, –en] a) was immer man sich auch an Schmuck kaufen möchte: Eine Uhr geht vor. b) Uhren lieben Wettbewerbe, was an typischen Zeitungsmeldungen abzulesen ist: »Uhr gewinnt«, »Uhr verliert«

oder »Uhr schlägt dreizehn«; ⇨ Kuckuck.

Uhrgroßvater, [mask., –s, –väter] tickt oft nicht mehr richtig (Alternaivität) und geht einem auf den ⇨ Zeiger.

Uhu, [mask., –s, –s] Nachtvogel, der vorwiegend in Felsengebirgen klebt; ⇨ Kleb!

Umfallversicherung, [fem., –, –en] spezielle Zusatzversicherung für Mercedes™ der A-Klasse™; ⇨ Elch-Klasse™.

Umgang, [mask., –s] gilt als pflegebedürftig; ⇨ Flegelversicherung.

Umgangssprache, [fem., –, –n] »Wie kann ich mit dem Chef umgehen bzw. wie kann ich ihn umgehen?« ⇨ Bosskopp.

Umstandsbestimmung, [fem., –, –en] *scherzhaft für* Schwangerschaftstest; ⇨ Petting.

Umstürzler, [mask., –s, –] diese Leute müssen immer mächtig auf den Putsch hauen.

unbillig, [Adj.] unbillige Forderungen können einen teuer zu stehen kommen; ⇨ Spielzeug.

Undglauben, [mask., –s] immer mehr verirrte Menschen vertrauen auf angebliche geheime Kräfte der nebenordnenden Konjunktionen – häufige Folge: Bindewort-Entzündungen. Neben dem Undglauben und dem Oderglauben findet auch der Aberglauben immer mehr Anhänger; ⇨ Unglück.

Undtotschlag, Maud, * London 13. März 1913, englische Kriminalschriftstellerin.

unerheblich, [Adj.] nicht zu erfassende Daten; ⇨ Sol-Daten.

Unfallverhüttung, [fem., –, –en] kaputte Autos werden eingesammelt und wieder eingeschmolzen; ⇨ Erzgewinnung.

ungekocht, [Adj.] gar nicht bzw. ungar.

Unglück, [neutr., –s, –e] abergläubisch sein bringt Unglück; ⇨ Undglauben.

Unheil-Stiftung, [fem., –, –en] *scherzhaft für* Versicherung; ⇨ Rebensversicherung.

Universaal, [mask., –s, –säle, lat.-franz.-deutsch] Mehrzweckraum; ⇨ Schicksaal.

Unkraut, [neutr., –s, –kräuter] typische Begrüßung: »Na, wie jätet dir?« ⇨ Vegetarier.

unpassierbar, [Adj., lat.-franz.-dt.] als unpassierbar gelten z.B. steinharte Tomaten, die sich partout nicht durch ein Sieb quetschen lassen wollen; ⇨ Automaten.

unplaqued, [Adj., franz.-engl.] wenn wir immer schön unsere Zähne putzen, braucht der Zahnarzt seinen Bohrer nicht anzuschließen; ⇨ Dental-Center.

unsäglich, [Adj.] Was es eigentlich bedeutet? Schwer zu sägen!

Unterschiet [mask., –s, –e] ⇨ Fäkalsprache.

Untersekunda, [fem., –, lat.] zu langsam gehende ⇨ Uhr.

Unvermögen, [neutr., –s, –] ist zum Glück immer noch steuerfrei; ⇨ Steuer.

Unwahrheit, [fem., –, –en] das lügt nicht jedem.

Urinstinkt, [mask., –s, –e, lat.-dt.] Testwort für jedes ⇨ Computer-Trennprogramm.

Urkunde, [mask., –n, –n] *landschaftlich für* Auerochsenkäufer; ⇨ Bulle.

Urlauber, [mask., –s, –] wenn nicht alles wie geplant klappt, machen sie sehr leicht einen gereisten Eindruck; ⇨ Gefängnisaufenthalt.

Urmel aus dem Eis, [neutr., –s] Drache ist süß.

Urologe, [mask., –n, –, griech.] treibt sich mit seinen pissigen Kommentaren in den Urin – eigentlich geht ihm alles auf den ⇨ Sack; ⇨ Day Tripper.

Usus, [mask., –, lat.] man sollte den Usus von Neologismen auf ein Minimum reduzieren, respektive auf ein Maximum oxidieren – auf jeden ⇨ Kasus (⇨ Chemiker-Schnack); unser Geheimtipp: Auch wenn es dort so Ouzo ist – während des Griechenland-Urlaubs nicht zu viele Usus trinken! ⇨ Meta Xa.

V

V, [mask., –s, –en] eitler ⇨ Vogel, der nie um einen guten Radschlag verlegen ist; ⇨ Rabe.

Vase, [fem., –, –n, lat.-franz.] wennse runterfällt: Das vase.

Vaseline, [fem., –, –s, lat.-franz.-engl.] der Umriss einer ⇨ Vase.

Vaterschaft, [fem., –, –en] hier bleibt – auch nach der Rechtschreibreform – alles beim Alten; ⇨ Mutterschafft.

Vegetarier, [mask., –s, –, lat.-engl.] eingefleischter Pflanzenfresser, will immer eine Extrawurst; ⇨ Bellkartoffel.

verankern, [refl. Vb.] *Seemannssprache für* falschen Liegeplatz belegen; ⇨ Fairhafen.

verantworten, [refl. Vb.] auf eine Frage falsch replizieren; ⇨ Lapsus Linguae.

Veraschung, [fem., –, –en] *scherzhaft für* Feuerbestattung.

verbalhornen, [trans. Vb.] mit ⇨ Worten Hörner aufsetzen bzw. verballisieren; ⇨ Wettbeverb.

verbeaten, [trans. Vb., deutsch-engl.] unmusikalische Pferdezüchter wollen ⇨ rappen verbeaten.

Verbeugung, [fem., –, –en] a) zur Neige gehen, also eine völlig beknickste Art der Begrüßung; b) um der ⇨ Höflichkeit willen: Verbeugen ist besser als eilen.

verbinden, [intrans. Vb.] erste Hilfe leisten verbindet.

Verboot, [neutr., –es, –e] illegales Schiff; ⇨ Segelschiff.

Verbrechen, [mask., –s, –] hier wird den Zeitwörtern mal gezeigt, was eine Harke ist; ⇨ Rechenheft.

Verbrennungsmotor, [mask., –s, –en] ⇨ *Abb.*

Verbrennungsmotor
(unterer Totpunkt)

Verein-Samt, [mask., –s, deutsch-griech.-lat.-franz.] typischer Kleiderstoff in den Single-Clubs; ⇨ Max I. Singel.

Verfahrensregel, [fem., –, –n] die einfachste Verfahrensregel: Biege statt links rechts ab und umgekehrt – schon hast du dich verfahren; ⇨ stadtfinden.

vergabelt, [Adj.] »Papa, warum sind wir noch nicht vergabelt?« – »Du kriegst gleich ein paar an die Löffel.« ⇨ *Abb.*

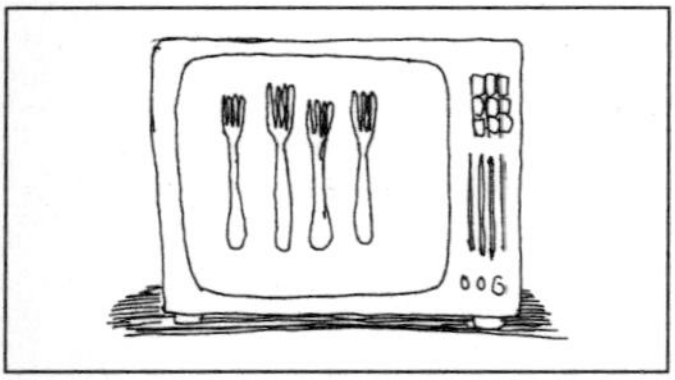

Gabelfernsehen

Vergissmeinnicht, [neutr., –s, –] Gruß unter ⇨ Alzheimer-Kranken.

Vergrößerung, [fem., –, –en] kann man jederzeit in einem Fotogeschäft bestellen – aber natürlich nicht während der Posterferien; ⇨ Fotokamerad.

Verherrlichung, [fem., –, –en] Ergebnis einer Geschlechtsumwandlung. Diesen Prozess sollte man übrigens nicht gleich verdamen; ⇨ Transvestit.

verhüten, [trans./intrans. Vb.] wer nicht Gören will, muss verhüten; ⇨ Gummiparagraph.

Verhüttung, [fem., –, –en] *eindeutschend für* Slum-Bildung; ⇨ Koks.

Verkehrsbehinderung, [fem., –, –en] a) die meisten Verkehrsbehinderungen werden von Staulustigen verursacht; b) unser ⇨ Tipp: Wenn's zu arg wird, rechts ranfahren und erst mal ausrasten; ⇨ Falschfahrer; c) ⇨ allein stehend.

Verkehrtampel, [fem., –, –n] wird ständig rot; ⇨ Blaupause.

verlaien, [trans. Vb., griechisch-lateinisch-deutsch] amateurhaftes Leasing.

Verpackung, [fem., –, –en] zur Hülle damit; ⇨ Gelbe Tonne.

Verrichtung, [fem., –, –en] *anderer Name für* Fehlurteil; ⇨ Richter.

Versengeld, [neutr., –es, –er, lat.-deutsch] Honorarzahlungen an ⇨ Dichter, *Abkürzung:* Honoraz; ⇨ Reim.

Vers-Tand, [mask., –es, lat.] zusammengereimtes Zeug; ⇨ Zylinderkopf-Dichtung.

Verstärker, [mask., –s, –] defekte Verstärker sind für jeden Musiker ein Ärgernis, besonders in der Aufwärmphase: Wie man sich eingroovt, schaltet er aus; ⇨ Fender™spiel.

Vertuschung, [fem., –, –en] fehlerhaftes Aquarell; ⇨ Maler.

verwegen, [refl. Vb.] versehentlich ›wegen‹ mit dem ⇨ Dativ benutzen.

Verwirt [mask., –s, –e] tüdeliges Tresenpersonal; ⇨ Schwankwirt.

Vieh, [neutr., –s] viehle Unterarten, z.B. Gaschromatogra und Philoso; ⇨ Philosophie.

Vierfel, [mask., –s, –] Zweifel hoch zwei; ⇨ Sex.

villenlos, [Adj., lat.-ital.-deutsch] wer villenlos ist, hat oftmals auch nur schlechte Katen; ⇨ Hauskauf.

Violine, [fem., –, –n, ital.] kann man streichen, wie man will – vorausgesetzt, man hat den ⇨ Bogen raus und vergeigt nicht wieder alles – mit anderen ⇨ Worten: gezupft wie gesprungen; ⇨ Pinsel.

virtuell, [Adj., lat.-franz.] virtuelle Realität am Bildschirm eröffnet ungeahnte Möglichkeiten. So wirft man z.B. einem virtuellen Duellgegner einen Datenhandschuh hin, hinterher kann man zusammen mit dem ⇨ Computer bei einem virtuellen Kneipenbesuch abstürzen; ⇨ Moni Tor.

Vogel, [mask., –s, Vögel] Vögel sind so musikalisch, weil sie auf beiden ⇨ Saiten Flügel haben; ⇨ tierlieb.

Vogelbauer, [mask., –s, –] Konstrukteur von Flügeltieren; ⇨ *Abb.*

Vogelweide, Walther von der, * um 1170, † 1230, stellte für die Sangeskunst gewisse Minnemalanforderungen auf; ⇨ Musik.

Vogelbauer
(hier beim Behaupten)

voll, [Adj.] Hose, Jacke, ⇨ Nase voll – da gibt es schon feine Unterschiede; ⇨ Anzug.

Vollbreit-Stipendium, [neutr., –s, –ien, deutsch-lat.] bekommt man bei jeder guten Bier-Akademie, allerdings meistens mit der Auflage, die Dissertation in einem Bierverlag zu veröffentlichen, ⇨ *Abb.*; ⇨ Lokalpatriot.

Vollbreit-Stipendiat
(höheres Semester)

Völlerei, [fem., –, –en] es wird immer schlemmer: Lasst Torten Braten folgen; ⇨ Dicktat.

vorbeikommen, [intrans. Vb.] *scherzhaft für* Coitus interruptus; ⇨ Petting.

Vorkommen, [Plur.] *Gegenteil von* Nachkommen; ⇨ ahnen.

Vormund-Schaft, [mask., –s, –schäfte] Teil einer Pfeife (⇨ *Abb.*); ⇨ Piep-Show.

Vorspiel-Service, [mask., –, –s, deutsch-lat.-franz.] a) Platte-Anmache in Tonträgergeschäften; b) Dienstleistung in einem ⇨ Nagel-Studio.

Kraterfrühstück

Vulkan, [mask., –s, –e, lat.] a) er speit ⇨ Feuer, wenn er nach durchzechter ⇨ Nacht einen Krater hat, ⇨ Katze; b) ⇨ *Abb.*

Vormund-Schaft

W

Waagerecht, [neutr., –, –e] Wiege-Lizenz; ⇨ Weight-Watcher.

Wachstum, [neutr., –s] auch in unseren wesplichen Ländern nicht so leicht über die ⇨ Biene zu bringen.

Wackelkontakt, [mask., –s, –e, deutsch-lat.] ⇨ Beziehungskiste auf der Kippe; ⇨ Trennkost.

Waldsterben, [neutr., –s] »Bald sind die ⇨ Bäume allee.« (Freund Hain); ⇨ Odenwald.

Wallokal, [neutr., –s, –, deutsch-griech.-lat.-franz.] eine Art Haifischbar für Säuger; ⇨ *Abb.*

Wampir, [mask., –s, –e, serbisch-deutsch] fettleibige Fledermaus; ⇨ *Abb.*

Wampir

Wand, [fem., –, Wände] ein oft völlig übertapezierter Begriff; ⇨ Johannes Rau.

Wanderschuh, [mask., –s, –e] Wanderschuhe haben einen reisenden Absatz; ⇨ Pumpwerk.

Wanderverein, [mask., –s, –e] Wandervereine haben ein Herz für Schrittmacher, gelten aber andererseits auch als schreitsüchtig; ⇨ Gangart.

Wallokal

Warz ab! [Interj.] Beschwörungsformel bei der Warzenbesprechung; ⇨ Unglück.

Wäsche, [fem., –] gilt als psychisch äußerst labil. Das liegt im Wäschentlichen daran, dass die arme Wäsche leicht ins Schleudern gerät (⇨ Schleudertrauma) und anschließend häufig einen recht geplätteten

Eindruck macht. Wir sollten uns daher solidarisch zeigen und die Wäsche nicht einfach so hängen lassen, sondern sie im Gegenteil stärken.

Wäschemangel, [mask., –s] wenn die ⇨ Frau mal wieder ruft: »Ich hab nix anzuzieh'n!« – dann herrscht Wäschemangel; ⇨ Saumzeug.

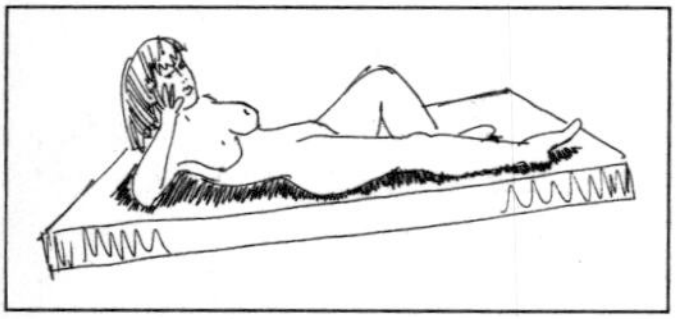

Wäschemangel

Waschlappen, [Plur.] zur Kleiderreinigung eingesetzte Nordlandbewohner, als Kopfbedeckung tragen sie meistens ein Lapptop; hervorstechendste Körperteile bei den Erwachsenen: die Waschbecken, bei den Kindern: die Ohrläppchen. Jetzt ist aber genug mit lappischen Bemerkungen.

Waschmaschine, [fem., –, –n, deutsch-griech.-lat.-franz.] Waschmaschinen werden manchmal zu Schleuderpreisen angeboten; ⇨ Olympische Spüle.

Wasserader, [fem., –, –n] a) ⇨ Eaux! b) wenn beim Auffinden von Wasseradern keine Wünschel offen bleiben sollen, ist eine gewisse Rutine erforderlich; ⇨ Undglauben.

Wasser- und Stromleitung, [fem., –] Chefgremium bei den Stadtwerken; ⇨ Teichfüllung.

Wasserhahn, [mask., –s, –hähne] abgedrehtes Haustier, manchmal aufgedreht, dann wieder verschlossen – ziemlich auf, das Teil; ⇨ freien.

Wasserkopf, [mask., –es, –köpfe] was man nicht im Kopf hat, kann man immer noch in den Beinen (⇨ Eaux!) haben. Aber vielleicht sollten wir die Witze über Wasser lassen; ⇨ Sitzpinkler.

waten, [intrans. Vb.] »Lasst uns jetzt endlich anfangen zu schwimmen. Warum watet ihr noch?« ⇨ Rettich.

Watt, [neutr., –s] das Watt ist unser Schlicksal; ⇨ Birnbaum.

Wattenmeer, [neutr., –es] a) von ⇨ Q-Tipps verseuchte See; b) [Interj.] Ausruf beim Anblick des gleichnamigen Nationalparks.

WD [neutr., –s, –s] ⇨ J.

Wechseljahre, [Plur.] a) sind keine Herrenjahre; ⇨ Frau; b) *scherzhaft für* Kreditzeitraum; ⇨ Jahreswechsel.

Weichteile, [Plur.] Bestandteile von Bahnschienen. Die Pläne werden von einem Weichzeichner angefertigt, die Reinigung übernimmt ein Weichspüler; ⇨ Triebwagen.

Weide, [fem., –, –n] Kuh auf einer Weide: »Wie klettere ich von hier bloß wieder runter?« (⇨ *Abb.*), ⇨ Q-Tipps.

Kuh auf einer Weide

Weight-Watcher, [mask., –s, –, engl.] nur wer einer Diät gewogen ist und es waagt, heimlich sein Gewicht festzustellen, kann sich in Sicherheit wiegen; ⇨ Dicktat.

Weihnachten, [Plur.] Bibelfest, jedes Jahr zu Weihnachten werden wir von einer Krippewelle (⇨ Krippe) heimgesucht; ⇨ Christstollen.

Wein, John, * Winterset (Iowa) 26. Mai 1907, † Los Angeles 11. Juni 1979, verkorkste Existenz; ⇨ Western.

Weinbar, [fem., –, –s, lat.-engl.-franz.] bei schlechter Bedienung: Warten auf Bordeaux; ⇨ Oberhalb.

Weinkeller, [mask., –s, –, lat.] nachts ist es kelter als draußen.

Weinland, [neutr., –es, –länder, lat.-deutsch] zur Leinwand vom Weinland ohne Einwand: in kino veritas; ⇨ Filmregisseur.

Weisenhaus, [neutr., –es, –häuser] a) *scherzhaft für* Universität, ⇨ studieren; b) *gehoben für* Musikschule; ⇨ Pinsel.

Weiser, Grethe, * Hannover 27. Feb. 1903, † Bad Tölz 2. Okt. 1970, Schwester von Bud; ⇨ Hinweiser.

Weizen [mask., –s] macht manchmal einen geknickten Eindruck, hat aber auch seine Stärke; ⇨ Flegelversicherung.

Welt, [fem., –, –en] die Welt allein macht auch nicht glücklich; ⇨ Frustschutzmittel.

Wenmut, [mask., –s] ⇨ *Akkusativ von* Wermut.

Werbespott, [mask., –s] wenn

man sich z.B. über den Marlboro™-Mann lustig macht; ⇨ Raucher.

Werner, Ilse, * Batavia 11. Juli 1921, die Altersgenossen von Klein-Ilse gingen spielen, aber sie war pfiffig und ging flöten.

Wertschwätzung, [fem., –, –en] Verkaufsgespräch; ⇨ Laberatorium.

wessentlos, [Adj.] ⇨ *Genitiv von* wertlos.

Weste, [fem., –, –n, lat.-ital.-franz.] Frühjahrsmode: an Westen nichts Neues; ⇨ Sommerschlussverkauf.

Western, [mask., –, –, amerik.] auch zu ⇨ Ostern gibt es Western; ⇨ John Wein.

Wettbeverb, [mask., –s, –e, deutsch-lat.] Zeitwort-Turnier, wichtigste Disziplinen: Verb-Rennen, Verb-Lassen, Verb-Raten-, und Verb-Reiten, aber leider auch das als gesundheitsgefährdend eingestufte Verb-Rauchen.; ⇨ Subjekt.

Wetterfest, [neutr., –es, –e] Party für alle, die bei einem Rennen einen ⇨ Tipp abgegeben haben; ⇨ Lotto-Motor.

Wetterkunde, [fem., –] Wissenschaftsbereich, der sich mit den Schimpfwörtern befasst; ⇨ Wüstebeschimpfung.

Wetterumschlag, [mask., –s, –schläge] Post vom Metereologen; ⇨ Gradwanderung.

WGtarisch, [Adj.] es ist in einer Wohngemeinschaft immer wieder die klassische Frage (»Wer macht den Abwasch?«), die für das Zusammenleben eine wichtige Rolle spült; ⇨ EWG.

wichtig, [Adj.] *scherzhaft für* zwergenhaft; ⇨ Winzer.

Wiesbaden, [neutr., –s] »Wie's Baden heute?« – »Nicht so gut, jedenpfalz nicht bei dieser Wassertemperatur.« – »Wie mainz du das?« ⇨ Rheinland-Falz.

Wimper, [fem., –, –n] das Ende vom ⇨ Lid; ⇨ *Abb.*

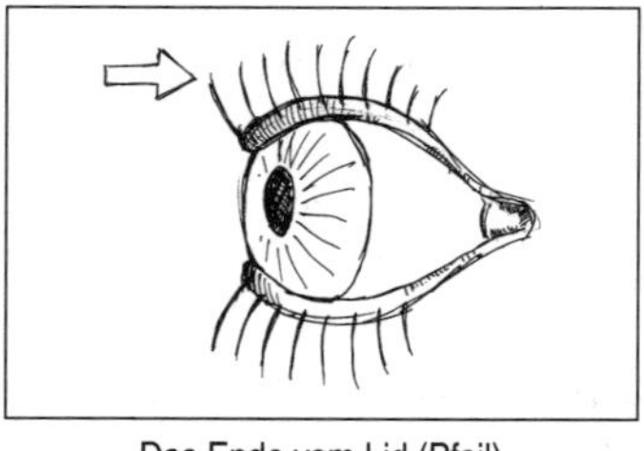

Das Ende vom Lid (Pfeil)

Windhose, [fem., –, –n] im Gegensatz zur Windjacke eher in niederen Breiten gebräuchlich; ⇨ Arno Rack.

Winkeladvokat, [mask., –en, –en, deutsch-lat.] bei einem rechten Winkeladvokaten anzuecken, ist sehr unwahrscheinlich: Es gibt grad mal neunzig; ⇨ Dreiecksverhältnis.

Wintersport, [mask., –s, deutsch-lat.-franz.-engl.] Skispringer haben in Schleswig-⇨ Holstein keine Schanze; ⇨ Skirurg.

Winterjäcken, [Plur.] bei Karnevalsumzügen beliebte Kleidungsstücke; ⇨ Otto Chili.

Winzer
(zum Größenvergleich:
links eine Streichholzschachtel)

Winzer, [mask., –s, –] Kleinbauer, Motto: Der Zwerg heiligt die Mittel; (⇨ *Abb.*), ⇨ Rebensversicherung.

Wirtschaftsteil, [mask., –s, –e] Zeitungsseiten mit Kontraktanzeigen; ⇨ Ostpreis.

Wirtuelle Realität, [fem., –, deutsch-lat.] ⇨ *Abb.*

Wirtuelle Realität

Wissenschaftler, [mask., –s, –] so etwas Ähnliches wie Forscher, aber nicht ganz: Ein wissenschaftlicher Forscher ist nicht unbedingt ein forscher Wissenschaftler; ⇨ Weisenhaus.

Witzhaus, [neutr., –es, –häuser] *scherzhaft für* Schwankwirtschaft.

Wohnhaft, [fem., –] Hausarrest, wird in Extremfällen zur Dauerhaft ausgedehnt; ⇨ Gefängnisverhütung.

Wohnwagen, [mask., –s, –] a) voll mobilisiertes Zimmer; b) Wohnwagen finden immer mehr Anhänger, die aber meistens ungezogen sind. So kann teilweise schon von einem regelrechten Carawahn gesprochen werden. Nicht immer aber gilt: Wohnanhänger ist, ist auch 'n Weg; ⇨ Urlauber.

Wonderbra, [mask., –s, –s, engl.] *englisch für* Miederhöhung (Anhebung des BH-Werts); ⇨ Oberteil.

Wort, [neutr., –es, Wörter] Radebrechmittel; ⇨ Textverarbeitung.

Wortspiel, [neutr., –s, –e] ähnlich wie Tennis, aber pro Satz gibt's am Ende meist nur einen Punkt, zuzüglich der i-Punkte – alles andere wäre umlauterer ⇨ Wettbeverb. Höchster ⇨ Preis: die Silbenmedaille; ⇨ Pun.

würdevoll, [Adj.] anständig betrunken; ⇨ zuprosten.

Wurst, Hans, * Diesaodajena? 30. Feb. 1860, † Jena 29. Feb. 1931, Ehemann von Madame ⇨ Curry. Er selbst war Thüringer, geboren an einem Mettwoch. Die beiden Eheleute gaben sich der Fleischeslust hin, worauf ihnen ein Wiener Söhnchen geboren wurde; ⇨ Schmähschrift.

Wüstebeschimpfung, [fem., –, –en] z.B. »Beknackte Gobi!«, »Bescheuerte Kalahari!« oder »Blöde ⇨ Sahara!«; ⇨ Sandbank.

X Y

X [neutr., –, –e] ⇨ U; ⇨ *Abb.*

U

Xa, Meta, * Athen 6.6. 1966, hat viel ⇨ Feuer, muss aber trotzdem bei jedem Brand wein; ⇨ Usus.

X-Chromosom, [neutr., –s, –e, griech.-lat.] das Genteil von Y-Chromosom; ⇨ Gen-Technologie.

Xerophobie, [fem., –, –n, griech.-lat.-engl.-amerik.] Angst vor Fotokopierern.

Yachtwurst, [fem., –, –würste, engl.-deutsch] übergewichtiger Skipper, hängt meist völlig inaktiv auf einem Armlehnen-Schoner herum; ⇨ *Abb.*

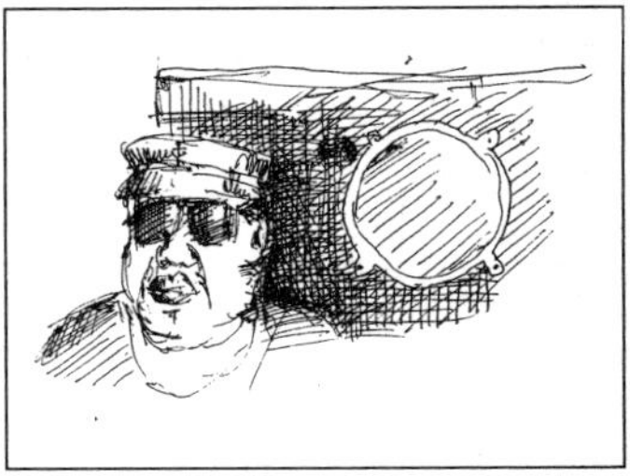

Yachtwurst

Yak, [mask., –s, –s, engl.-tibetan.] der Unterschied zwischen einem Yak und einem Büffel ist nicht bisonders wisentlich – mit anderen Worten: Yak as Büx; ⇨ Anzug.

Yakvoll, [mask., –s, –s, plattd.] das Vermöbeln (»Ut di maak ik'n Sofa!«) von ⇨ Rindern ist nicht ganz ungefährlich, denn auch die Kuh haut! ⇨ Weide.

Yard, Bill, * Chicago 31. Sept. 1923, seine Spielweise fanden viele zum Kugeln, aber er hat sie dann doch alle in die Tasche gesteckt; ⇨ Queuenigswasser.

Ym, Anton, * Antonshöhe 08.3.59, hat etwas gegen Namen.

Yugorette, [fem., –, –n, türk.-franz., eingetr. Wz.] Genussmittel vom Balkan; ⇨ Serbe.

Z

Zahnpastor, [mask., –s, –en, deutsch-lat.] bei ihm kann man sich Trost holen, wenn man mal dental nicht so gut drauf ist. Sehr aufwendig ist für ihn nur der Verwaltungskram: Die meiste Zeit verbringt er gebissenhaft mit dem Ordnen von Zahnbelegen; ⇨ Dental-Center.

Zahnrad, [neutr., –s, –räder] ⇨ *Abb.*

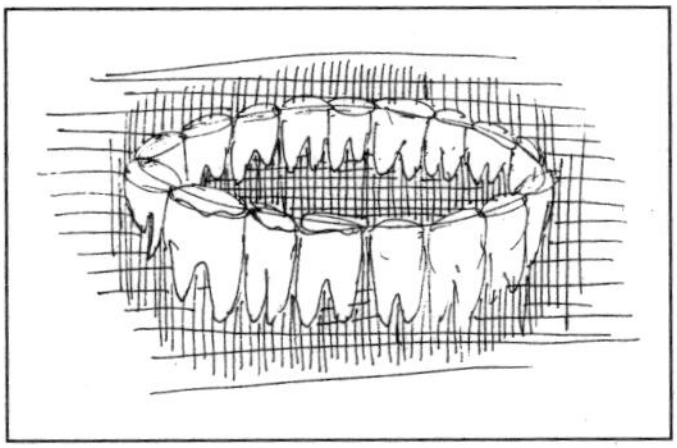

Zahnrad

Zehn, [fem., –e, –e] »Sind Ihre Zehne auch in Ordnung?« – »Aber gebiss, Herr Boktor.« ⇨ unplaqued.

Zeiger, [mask., –s, –] Uhrteil; ⇨ Kuckuck.

Zement, [mask., –s, lat.-franz.] a) zur Aussprache: ›Zement‹ wird immer auf der zweiten Silbe betoniert, ⇨ Boje; b) *fachsprachlich für* Putzmittel; ⇨ Maurer.

Zendrum, [neutr., –s, –s, chin.-jap.-engl.] buddhistisches Schlaginstrument; ⇨ Schlagzeug.

Zeppelin, Graf Led von, * Konstanz 8. Juli 1838, † Berlin 8. März 1917, Erfinder von »Stairway to Heaven«; ⇨ Musik.

Ziffer, Claudia, * Rheinberg 25. Aug. 1970, eine heiße Nummer mit modelhaftem Charakter.

Zigeunerschnitzel, [neutr., –s, –] *veraltend für* Roma- und Sinti-Schnitzel; ⇨ Steghaus.

Zille, Heinrich, * Radeburg 10. Jan. 1858, † Berlin 9. Aug. 1929, Milieunär; ⇨ Maler.

Zimmerflucht, [fem., –] ⇨ typische Reaktion bei klaustrophobischen Anfällen; ⇨ Klaus Trophobie.

Zin, Ben, * Tyntan (Cornwall) 9. Sept.1754, † London 7. Dez. 1817, war damals bei der Meuterei auf der Bounty™ der einzige, der zu Captain ⇨ Blei hielt – ein super Verhalten für einen Otto Normalverbraucher; ⇨ Super-Mann.

Zinnober, [mask., –s, –, pers.-griech.-lat.-franz.] Kellner in einer Heavy-Metal-Bar; ⇨ Oberwasser.

Zinssoldat, [mask., –en, –en] *zinnbildlich für* ⇨ Gerichtsvollzieher; ⇨ Steuer.

Zipfelkonferenz, [fem., –, –en, deutsch-lat.] a) pimmelschreiendes Gespräch unter ⇨ Männern; b) ⇨ *Abb.*

Zipfelkonferenz

Zollstock, [mask., –s, –stöcke, griech.-lat.-deutsch] Schlagwaffe für Grenzbeamte. Besonders beim Import von Cayennepfeffer wurden die Kontrollen verschärft; ⇨ Bielefeld.

Zonenrandgebiet, [neutr., –es, –e, griech.-lat.-deutsch] die Leute wissen jetzt gar nicht mehr, wo ihnen der Helm stedt; ⇨ Mauerfall.

Zugvogel

Zoo, [mask., –s, –s, griech.] Achtung: Man sollte mit Tigern und ⇨ Löwen besser nicht ins Gehege kommen; ⇨ Gazelle.

Zoster, [mask., –s, –, griech.] der Name der ⇨ Gürtelrose.

Zubreitung, [fem., –, –] Besäufnis, kaum jemand denkt dabei an die Folgekotzen; ⇨ Alkoholiker.

Zucken, Axel, * Ratekau 23.6.26, gilt als der Erfinder öffentlicher Beratungsstellen; ⇨ Rathaus.

Zucker, [mask., –s, –, ind.-arab.-ital.] »Was macht denn dein Zucker?« – »Er zuckt noch.« ⇨ Salzstange.

Zug, [mask., –es, Züge] wer einen Zug nehmen will, muss ins Raucherabteil gehen; ⇨ Bahn.

Zuggereister, [mask., –en, –en] jemand, der mit der ⇨ Bahn da ist.

Zugvogel, [mask., –s, –vögel] Bahnhofsfedervieh (⇨ *Abb.*); ⇨ Lokvogel.

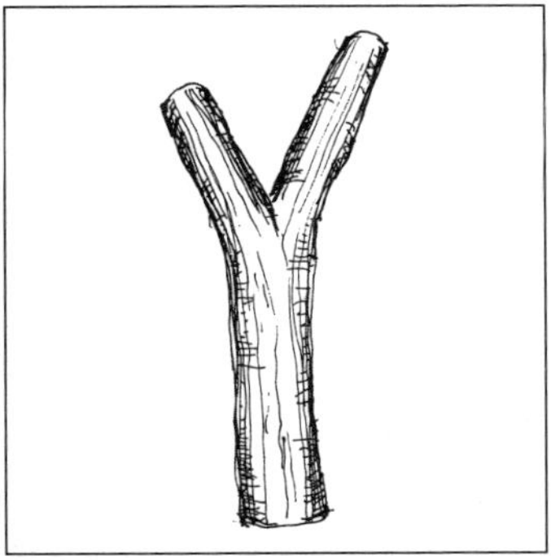

Zweigstelle

Zulassungsstelle, [fem., –, –n] man hat herausgefunden, warum es hier immer so muffig riecht: Nicht nur Kraftfahrzeuge werden hier zugelassen, sondern auch die Fenster und Türen; ⇨ Fahr-Rat.

zuprosten, [refl. Vb., deutsch-lat.] anstößiges Verhalten an den Tag legen; ⇨ würdevoll.

zusammenrotten, [intrans. Vb.] in einer Gruppe gammeln; ⇨ *Abb.*

Zweigstelle, [fem., –, –n] Astgabel; ⇨ *Abb.*

Zwickau, [neutr., –s] Trabantenstadt.

Zwickel, [mask., –s, –] erst durch die Erfindung des Zwickels konnte die Strumpfhosen-Industrie mit der Entwicklung den Schritt halten; ⇨ Strumpf.

Zwilling, [mask., –s, –e] auch wenn sie sich manchmal uneiig sind, betrachtet man sie als einander durchaus ebengebürtig; ⇨ Vierfel.

Zylinderkopf-Dichtung, [fem., –, –en, griech.-lat.-deutsch] »⇨ Du reparierst jetzt den Zylinder, sonst schlag ich deine Kinder!« ⇨ Montage.

Zypresse, [fem., –] *Kurzwort für* das Zeitungswesen auf Zypern.

Hängertypen

Raum für Notizen

Raum für Notizen

Raum für Notizen